Modvareil

Mes Ressentis

Illustration : Florent Lucéa

Du même auteur

La manipulatrice, BoD, *Mars 2017*
En vers et contre tout, BoD, *Septembre 2017*
D'aussi loin que je me souvienne , BoD, *Octobre 2017*

Remerciements

Je remercie ma famille, mes ami(e)s, tous les acteurs qui m'ont aidé pour me permettre de donner la chance de pouvoir m'extérioriser grâce à l'écriture. Qui m'ont fait confiance, et m'ont entouré de tout leur amour.

Á vous mes enfants, à toi mon nounours, à mes parents et en particulier à mon ami de cœur Florent Lucéa, artiste plasticien auteur, à mes côtés à tout moment, que ce soit en illustrant mes recueils de poésie, mes romans, en écrivant en collaboration des livres pour enfants ou lors des salons du livre comme Zinzoline.

Zinzoline m'a permis d'exprimer toutes mes émotions, et celle de mon ami de cœur, par la lecture de nos textes poétiques et poèmes sur le thème : Chacun sa croix. Mon ami Florent Lucéa pendant toutes les lectures de nos écrits, lui a permis de dessiner les émotions qui ressortaient de la lecture.

Nous sommes deux artistes à fleur de peau qui envisagent notre plume comme un outil libératoire et donne la parole aux personnes qui portent leur croix. Nos héros de nos écrits souffrent d'être laissés à côté, discriminés, ou stigmatisés parce qu'ils sont différents, hors norme, et originaux.

Nous parlons en leur nom afin de faire entendre nos voix dans une société normative qui voudrait nous faire taire. Nous vous invitons à entrer dans notre univers poétique, à entendre nos bons mots pour vous divertir, et pour susciter vos réflexions en même temps.

Préface

Les poèmes sont des mots qui s'envolent en rimes.

Grâce à eux, nous voyageons, les mots se bousculent, racontent.

La poésie est un art du langage qui permet de sculpter les mots dans les phrases pour dire tout ce que nous ressentons et nous permettre de dessiner notre vision du monde que nous entrevoyons.

La poésie vient du cœur, elle ne s'explique pas, nous la vivons.

Au travers de ces poèmes, je souhaite toucher, émouvoir, avec un souffle d'authenticité, de simplicité.

Je dépose sur ma page mes émotions de tous les jours, mes sentiments, qui m'ont accompagné toute mon existence, et qui prennent vie au fur et à mesure que mon crayon glisse sur ma page.

Aujourd'hui, je vous les confie, grâce à eux, vous percevrez sérénité, tourments, émoi, doutes, apaisement.

Je vous invite à les découvrir, à vous évader sur ce sentier, tantôt ombragé, tantôt escarpé, plein de doute, d'amertume, de joie, de tristesse, d'amour.

Des questions de tous les jours qui hantent mes idées dans ma tête.

Introduction

Nous avons tous, un besoin de rêver à notre gré, personne n'a le droit de nous priver de cette liberté qui nous reste.

Ni la prison, ni l'enfer, ni nos tourments, ni l'exil ne peuvent nous ôter de notre esprit nos rêves qui gambadent dans notre esprit, et s'évadent aux quatre-saisons.

La liberté est nôtre,

- Liberté d'aimer,
- Liberté de parler,
- Liberté d'être libre
- Liberté d'avoir des amis,
- Liberté de rire,
- Liberté de pleurer,
- Liberté de vagabonder au gré de nos envies,
- Liberté de danser,

La liberté pour la garder, il faut agir envers et contre toutes les nuisances qui nous entourent au quotidien : guerres, attentats, malfrats, mensonges, au-delà de toutes les frontières.

La liberté est comme une perle rare, que nous devons préserver à tout prix, tous unis.

La liberté n'est pas de s'incliner et dire toujours amen à tout, c'est refuser les horreurs qui nous entourent, refuser d'être des robots, et trouver au bout du chemin, la paix, l'amour, le respect...

Nous sommes conditionnés dans un moule si confortable que la société nous a modulé. Mais a-t-on le droit de penser qu'un être libre s'y conforme, rien ni personne ne peut mettre en cage un être libre, son seul maître est ce que lui dicte son cœur, et non la masse. Nous avons le libre-arbitre de ce que nous avons dans notre cœur, notre âme, c'est tout ce dont nous avons besoin pour survivre.

Aucun groupe, aucune idéologie, aucun mouvement ne doivent nous imposer notre liberté de vivre à pleine dent faite d'amour, d'espoir, de paix, d'union entre tous les hommes.

Nous ne devons pas avoir peur de dire ce que l'on pense, c'est normal. Nous devons tous ensemble nous battre pour conserver notre liberté dans tous les pays du monde comme ceux qui veulent à tout prix la détruire. La vie est injuste, malheureusement, nous côtoyons des terroristes, des meurtriers, des accidents, des émeutes...

Mais tous ensemble, persistons dans la lutte, manifestons sous l'emblème de l'amour, la paix, la liberté, contre eux.

Soyons fort, courageux, intelligent, sans colère.

Pour changer le monde, nous devons bannir les injustices, éliminer les guerres, rejeter les souffrances.

Nous vivons tous sur la même planète, pourquoi ne pas vivre tous ensemble unis.

Les religions ne devraient pas nous diviser, seule l'ignorance, l'intolérance nous divisent. Le fanatisme est le pire, car il tue tout sur son passage.

Poésie...

ILLUSTRATION FLORENT LUCÉA

I love Poésie !

Poésie de toujours...

La poésie est une combinaison de mots, de musique, de rythmes, de sonorités pour évoquer des images, des rêves, des émotions, des sensations, des réflexions, des réalités.

La poésie est une musique différente pour chaque personne.

Elle sert à susciter de l'espoir, de l'amour, de la liberté... à passer un message pour tous ou certaines personnes.

La poésie est notre expression personnelle de nos ressentis, pour extérioriser nos sentiments, qui nous permet d'exprimer nos émotions, notre sensibilité, notre intimité.

Notre poésie chante le malheur, le bonheur, le doute et les craintes de notre vie, et celle qui nous entourent.

La poésie est un art qui ne s'explique pas, elle se ressent.

La poésie est l'art du langage, c'est la beauté et le pouvoir de suggestion des mots.

Chaque poète donne sa propre vision par ses mots qui l'habitent, et ses émotions sont un ensemble de phénomènes actifs et organisés dans le temps, ayant un début et une fin. Elles peuvent être courtes, intenses qui aboutit à une réflexion de la part du poète.

Quand la vie chasse tous nos rêves, rien n'est plus doux que la musique des maux en vers.

Écrire pour partager,

Écrire pour transmettre,

Écrire pour témoigner,

Écrire pour garder une trace,

Écrire pour oublier,

Écrire pour renaître,

Écrire pour s'extérioriser,
Écrire pour exister,
Écrire pour se libérer,
Écrire pour témoigner,
Écrire pour soi,
Écrire tout simplement.

Mettre ses états d'âme à nu,
Savourer ses joies,
Transcrire ses émotions,
Retrouver ses racines,
Ancrer ses souvenirs,
Transmettre ses vécus,
Combattre l'oubli,
Rassembler son passé,
Donner corps à ses ressentis.

Écrire pour vider notre cerveau qui bouillonne, trop souvent rempli de mots, d'images, de ressentis et qui nous habitent en nous empêchant de vivre.

La poésie est une action avec une grande liberté des mots, et le libre plaisir de notre pensée.

La poésie est un besoin de mettre des mots, les uns derrière les autres, pour nous laisser faire le point avec soi-même, d'exprimer nos émotions intérieures, de nous libérer par des expressions ensoleillées, des vers illuminés, des clichés qui chuchotent sur l'ascendance des mots.

La poésie délègue à notre main, un besoin de faire couler les mots sur notre page, en multipliant notre appétit de libération. Elle nous permet de nous défouler, avec une liberté totale d'expression.

La poésie découle du cœur,

La poésie raconte nos blessures,

La poésie fredonne notre cupidon,

La poésie évoque notre émoi,

La poésie représente notre tristesse, notre souffrance, nos émotions, nos peurs, nos cris de désarroi.

La poésie est une romance,

La poésie est une peinture,

La poésie est universelle, elle parle à tous dans toutes les langues, pas de frontière pour l'arrêter.

La poésie sur notre page tourbillonne au gré de notre plume, en s'abandonnant au gré de nos maux, donnant vie à notre écrit, dont les barrières n'existent pas.

Un livre, c'est une brèche sur l'univers.

Le fait de bouquiner, de gribouiller aide à l'ouverture sur le monde.

La poésie est unique pour chaque auteur.

Chaque auteur a son propre langage de l'intime, une expression libérée de son moi.

La poésie, c'est autorisé l'évasion, permettre à son for intérieur d'éclore, attribuer à tous le langage de la liberté.

À QUOI SERT LA POÉSIE ?

À quoi sert la poésie ?
À communiquer par des mots,
À remplacer nos larmes,
À partager nos émotions,
À parler de nous,
À discuter de n'importe quoi.

À quoi sert la poésie ?
C'est un voyage de l'âme,
C'est montrer nos joies, nos tristesses,
C'est faire exploser notre voyage intérieur,
C'est le moyen d'ouvrir notre cœur,
C'est de partager nos ressentis.

À quoi sert la poésie ?
À faire jouer nos maux en mots,
À transformer nos mots en musique,
À chanter au firmament,
À reproduire des couleurs sur des tableaux,
À se rapprocher les uns des autres.

À quoi sert la poésie ?
À vous de la découvrir,
À vous de la sentir,
À vous de l'aimer,
À vous de vous retrouver
À vous de lui donner un sens.

La poésie

La poésie nous fait rêver,
Ce sont nos ressentis,
Une part de soi,
Que nous partageons.

La poésie fait partie de nous,
Un brin de rêverie,
Par le jeu de nos mots,
Par l'instinct de nos choix.

La poésie est une chanson,
Que l'on offre avec notre cœur,
Des mots, les uns derrière les autres,
Dansant devant nos yeux.

La poésie rime avec nos sentiments,
Entre les lignes, nous imaginons,
Des vers, des sons,
Qui n'en finissent pas.

La poésie vient du cœur,
Elle nous fait vibrer,
Ressentir des émotions,
Qui nous fait frémir tout notre corps.

La poésie va et vient,
Sous notre plume,
Laissant des sons emplir nos pages,

Des rythmes musicaux, doux à écouter.

La poésie est vivante,
Elle joue avec nos cœurs,
Elle chante des murmures,
Elle danse sous nos yeux.

La poésie est un émoi de l'âme,
Pour nous,
Elle peut être lue à voix haute,
Elle s'exprime par sa mélodie.

La poésie est un partage,
À l'unisson,
Avec le monde entier,
Lecteur, Auditeur.

La poésie sommeille tous en nous,
Elle est en nous,
Dans nos pensées,
Dans nos peurs, nos amours.

La poésie s'harmonie avec notre être,
Les mots vagabondent,
Nous font voyager,
Vers un monde inconnu.

La poésie fait chanter nos âmes,
Elle est féerique,
Pour éclairer nos cœurs,
Pour apaiser nos peurs.

La poésie de tout temps,
Fait tourner la tête,
Fait vagabonder nos émois,
Laissons-nous guider par elle.

La poésie est une liberté,
Une danse de mots,
Une caresse sur nos cheveux,
Un clin d'œil à notre monde.

La poésie vit,
Et vivra à jamais,
En chantant, en dansant,
Coloriée de mille couleurs.

MA PAGE, MON CRAYON...

Je regarde ma page, mon crayon...
Un moment d'hésitation,
Ma main levée, je pense,
Soudain dans l'air, un murmure,
Des sons, des mots domptent ma main,
Des souvenirs du temps passé,
Des airs de devenir.
Mon crayon coule sur la page,
Semant pêle-mêle des mots.
Que c'est doux de regarder filer les phrases,
Ma main apprivoise ces consonances,
Peu importe la longueur, le rythme.
Seule mon inspiration me guide,
Je n'ai aucune règle,
Juste une envie de transcrire mes émois,
Mon état d'âme à l'état pur.
Une sensation de frisson monte,
À chaque expression versée sur le papier.
Mes yeux contemplent cette page,
Se couvrant de mille et mille émotions enfouies.
Toi, ma page, mon crayon, mon quotidien.

Que de sensations de joie, de bonheur,
Mais aussi de chagrin, de tristesse, de désarroi.
Nous avons versé moi et eux, jour et nuit,
Cette encre, pour devenir ma raison de guérir,
Faire jaillir toutes ses émotions enterrées,
Au plus profond de mon être,
Me donner un sens à ma vie.
Je regarde ma page, mon crayon,
Et je vois face à moi,
Se dérouler les images qui me poursuivent.
Et l'ampleur des dégâts de mon existence
Ma page, mon crayon, vous êtes mon réconfort.

La Page !

Je suis la page,
Trésor de la vie,
Disponible pour griffonner
Sur différentes formes, couleurs et matériaux.

Tu aides tout le monde,
Les plumes, les stylos, les crayons, les craies, les pinceaux.
Les peintures sont tes amies.
Tous les stylos s'écoulent pour te remplir.

Nous avons besoin de toi,
Pour aligner des mots, des dessins,
Des gribouillis, les uns derrière les autres,
Tu es notre confidente, notre alliée.

Grâce à toi la page,
Les mots, les gribouillis, les dessins restent,
Au fil du temps, tu ne disparais pas.
Tu restes,
Tu es notre témoin, notre amie.
La page.

MES RÉCITS...

Depuis toute petite,
Ma plume se promène,
Sur mes cahiers d'écolier,
Sur des pages volantes,
Aujourd'hui, les mots se bousculent,
Les lignes de gribouillis racontent...

À travers mes poésies, mes romans,
Je souhaite partager, mes écrits,
Je souhaite toucher vos cœurs,
Je souhaite émouvoir votre vie.

Mes poèmes dégagent des émotions de mes ressentis.
À ce jour, j'ai besoin de communiquer,
De vous les confier.
De vous faire découvrir tout au long des pages :
La sérénité, les tourments, l'amour.

Ils vous baladeront dans des sentiments d'émois,
De doutes, d'apaisement.
Je vous invite sur mon chemin à vous évader.
Ce chemin si tortueux, si escarpé, si ombragé.
Laissez-vous emporter par la mélodie des mots.

Sur ma feuille

Je fais glisser ma plume doucement,
Pour briser le silence de mon cœur,
En balançant les mots, les uns derrière les autres,
Afin de ne plus sentir ce fardeau du passé.

Je parle doucement à ma page,
Pour dévoiler tous mes ressentis,
Et vole au-dessus des mots,
Pour rendre mes sentiments limpides.

Je n'attends rien en retour,
Simplement ? Je dévoile ce que mon cœur ressent,
Pour panser mes blessures si profondes,
Les mots font partie de mon moi.

Ma feuille, ma plume sont mes amies,
Une thérapie qui soulage mes maux,
Mes tourments s'envolent au-delà de ma feuille,
En grattant le papier, je me dévoile.

Les blessures de ma vie s'estompent,
Au fil des lignes écrites,
Mais rien, ne pourra changer le passé,
Il est là, bien réel.

Ma vie tremble sous mon crayon,
Mes yeux s'emplissent de larmes,
Mon cœur bondit au fond de moi,

Doucement, j'accepte mon passé.

Mon écriture est ma guérison,
Une façon de me libérer de ma prison,
Afin de me soulager de ce fardeau,
Et trouver au fond de moi la paix.

Mes lignes, c'est croire à mon avenir,
Mes mots, c'est croire à la guérison,
Ma feuille, c'est croire en moi,
Ma main, est là pour le témoigner.

Toi, poésie...

Toi, poésie de mon enfance,
Toi, poésie de ma jeunesse,
Toi, poésie qui vibre en moi,
Toi, poésie à chaque instant.
À chaque instant, tu me dictes les mots.
Toi, ma poésie,
Ma poésie de toujours,
Ma poésie d'aujourd'hui,
Ma poésie de demain,
Ma poésie de toujours.
Toi, ma poésie, que je vois,
Toi, ma poésie qui m'envoûte.
Toi, ma poésie, toi, vers toi, je cours.
Toi, ma poésie, ma poésie de toujours,
Toi, ma poésie telle que je te vois,
Toi, ma poésie telle que je te ressens,
Toi, ma poésie telle que tu me ressembles.
Toi, ma poésie,
Ma poésie à moi,
Ma poésie de toujours,
Ma poésie de ma vie,
Ma poésie de mes ressentis
Toi ma poésie, tu es en moi.
Ma poésie, tu es, et tu resteras à tout jamais, ma poésie,
Toi, ma poésie.

Interrogation...

ILLUSTRATION FLORENT LUCÉA

Je m'interroge et je déroge !

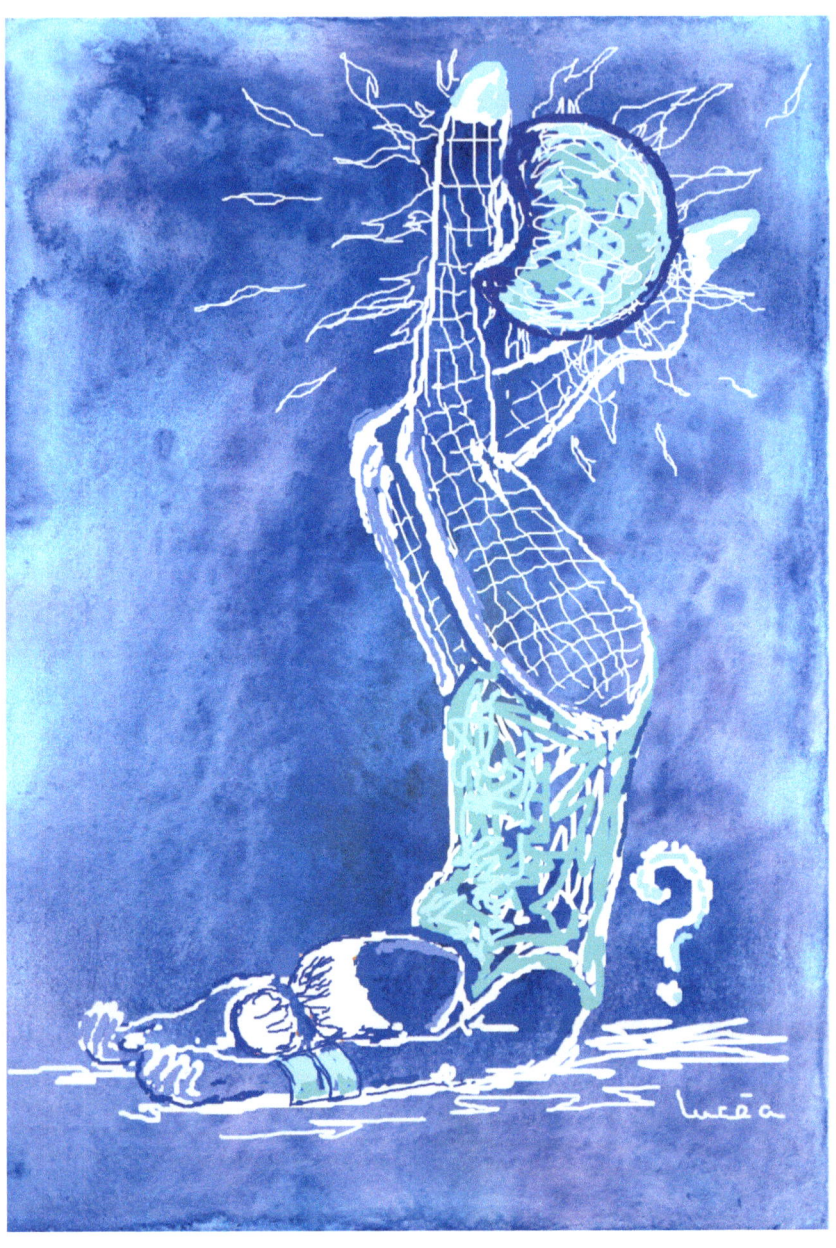

Impression sur la vie et les êtres...

L'interrogation est le propre de l'homme, de tout temps l'être humain se pose des questions sur ce qui l'entoure.

Notre regard, nos sentiments, nos réactions, nos émotions, notre colère, notre peur... sont personnels.

Ce qui est en nous, remonte à la surface par le biais de nos ressentis et notre regard en est le témoin.

Il fait partie du langage de notre corps.

Chacun regarde différemment ce qui se trouve autour de lui.

Notre regard exprime tout, la vérité de l'être, sa réalité intérieure comme extérieure.

Toute notre vie, nous sommes regardés et nous regardons.

Le regard de l'autre nous construit, nous interroge sur nous-mêmes, nous renvoie notre miroir.

Le regard est à la fois aimant, bienveillant, ému, sévère.

Notre regard intérieur est celui que l'on porte sur soi, et notre vie en dépend.

Le regard est utile pour capter l'attention, donner de l'importance à son vis-à-vis, parler de nous, construire ou détruire.

Le regard est l'expression non verbale de nos sentiments.

Suivant notre regard que nous affichons, nous envoyons un message qui parle de nos sentiments, nos envies, nos émotions, nos passions, nos peurs, nos angoisses, le dégoût, la surprise.

Tous les regards transmettent un sentiment.

Le non verbal véhicule du signifié.

La liberté est de pouvoir s'exprimer, donner notre avis, c'est le propre de nos valeurs.

Nous devons nous battre pour cette vie précieuse, à travers des valeurs fondamentales.

Nous avons le droit de critiquer, de s'interroger, de ne pas aimer.

Nous devons rester fort et courageux devant une menace (mort, viol, terrorisme...), et nous unir d'une même voix pour exprimer notre chagrin, notre désaccord, notre émotion, mais surtout se venger, tuer, détruire ne sont pas des solutions à ces problèmes.

Soyons plus intelligents, les imbéciles doivent rester chez eux, car sous le coup de la colère, rien ne sort en bien.

Seule l'union fait la force.

Et face à ce mal,

Je voudrais pouvoir dire ce que je pense,

Je voudrais pouvoir crier ce que je ressens,

Je voudrais pouvoir hurler ce qui me blesse,

Je voudrais pouvoir aspirer à aimer les personnes que je veux,

Je voudrais pouvoir ignorer, oublier les gens qui me nuisent.

Pour changer le monde,

Nous devons bannir les injustices,

Nous devons éliminer les guerres,

Nous devons rejeter les souffrances,

Pourquoi nous haïr ?
Nous vivons tous sur la même planète,
Il est monstrueux que nous nous entredévorassions,
Les religions ne nous divisent pas,
Seule l'ignorance, l'intolérance nous divisent,
Le fanatisme est le pire,
Il tue au nom de la religion.

A VOUS LES FEMMES...

À vous les femmes,
Femmes meurtries,
Femmes en détresse,
Le visage déformé par la souffrance.

À vous les femmes,
Femmes détruites,
Femmes torturées,
Les yeux pleins de larmes de douleur.

À vous les femmes,
Femmes seules,
Femmes en galère,
Le dos courbé par les coups.

À vous les femmes,
Levons-nous.
Ouvrons notre cœur.
Dévoilons notre souffrance.

À vous les femmes,
Crions notre désarroi.
Hurlons notre colère.
Appelons à l'aide.

À vous les femmes,
Montrons notre force intérieure.
Apportons notre vécu.

Aidons-nous.

À vous les femmes,
Toute ensemble unies,
Rejetons la honte.
Rejetons le déshonneur.

À vous les femmes,
D'une même voix, crions :
Nous sommes humaines,
Nous demandons le respect.
Nous acceptons la tendresse.

À vous les femmes,
D'une même pensée, hurlons :
Arrêtez les coups physiques.
Arrêtez les décadences morales.
Nous voulons être simplement nous.
Reconnues et aimées.

À vous les femmes,
Toutes ensemble et d'une même voix :
Les coups, non.
La peur, non.
La déchéance, non.
Les caresses, oui.
L'amour, oui.
Le respect, oui.

À vous les femmes,
Battons-nous pour notre liberté

La liberté des femmes battues, reconnues.

Appel à notre humanité...

De tout temps, les hommes veulent vivre,
Travailler, aimer.
Ils cherchent sur cette terre un lieu de paix.
La fragilité de notre vie depuis notre naissance,
Nous fait nous interroger sur notre place dans l'univers.
Nos cœurs, sont-ils prêts à comprendre,
Les drames de tous les jours.
Un enfant échoué sur une plage,
Si tendre, frais, mignon,
Incarnant nos besoins de protection,
D'être pris dans les bras,
Voir notre avenir sur des chemins meilleurs.
Nous n'avons pas demandé à terminer dans une tombe,
Sans avoir eu le bonheur de vivre notre vie à pleines dents.
Une tragédie de tous les jours,
Que nos yeux rencontrent à chaque instant,
Ces images de détresse, de peur, de désarroi.
Notre terre est envahie par des drames de violence,
De vols, de viols, de massacres, de guerres qui font réfléchir,
Où est notre place dans ce monde cruel.
Nous devons méditer à notre devoir d'humain,
De ne pas rejeter l'hospitalité, l'amour, les aides,
Pour des personnes en détresse,
Qui nous appellent d'un cri de douleur,
Leur souffrance doit nous faire comprendre,
Que la solidarité de tous les peuples,
Une vertu ancienne de nos ancêtres durant des siècles,
Qui nous ont montré le chemin du devoir,
D'aider notre prochain,
De lui tendre la main,

De le recueillir,
Un simple geste d'amour,
Qui pourrait changer le monde,
Notre vie de tous les jours.
Ne nous voilons pas les yeux,
Car chaque personne peut avoir un jour,
Tout au long de sa vie,
Avoir besoin de son semblable.
Ne soyons pas égoïstes,
Cherchons dans notre mémoire,
Croyons-nous vivre dans un monde merveilleux,
Depuis les temps des temps,
Les massacres, les tueries, la barbarie existent.
Nos illusions qui sont-elles ?
De croire que tout est beau, tout est rose,
Dans le meilleur des mondes,
Non, cette vision entame notre humanité,
Nous devons rester lucides,
Ouvrir nos yeux, et aller vers l'avant,
En tendant nos mains vers des êtres fragiles,
Peut-être là, nous trouverons en nous notre humanité.
Courage, amour, amitié, main tendue,
Sont des dons que chacun garde enfoui au fond de soi,
Osons face à tous ces drames,
Sortir le meilleur de nous,
Afin qu'un jour, le monde devienne,
Un monde de bonheur, de joie, d'amour,
Et que notre humanité jaillisse.

C'EST LA DANSE DES ROUTIERS...

Du Nord au Sud,
D'Est en Ouest,
Ils sont sans cesse sur nos routes,
Nuit et jour.

Ils vont et viennent,
Inlassablement sans jamais se plaindre,
Par tous les temps, ils roulent,
Nuit et jour.

Toute l'année, ils parcourent des kilomètres,
Sur nos routes, chargés de denrées,
Livrant chaque jour les entreprises,
Nuit et jour.

Leur camion est leur maison,
Ils vivent tout au long de l'année,
Sur nos routes dans leur poids lourd,
Nuit et jour.

Au péril de leur vie à chaque instant,
Ils avancent sur nos routes,
Par tous les temps,
Ils vont, ils viennent inlassablement,
Nuit et jour.

Mal aimés, ils doivent supporter,
Les insultes, les klaxons, les appels de phares,

Les queues de poisson,
Sans jamais se plaindre,
Ils continuent leur chemin,
Nuit et jour.

Un travail ardu, nuit et jour
Le sommeil les menaçant à chaque instant,
Un écart, une maladresse,
Une erreur des autres,
Et toute une vie brisée à jamais,
Nuit et jour.

Ils sont là pour nous,
Sans eux, nous n'aurions aucun produit,
Les magasins vides,
Les réparations néants,
Aidons-les,
Aimons-les,
Ils sont là pour nous.
C'est la danse des routiers,
Nuit et jour.

Espoir es-tu là ?

De tout temps, les hommes veulent vivre,
Travailler, aimer.
Ils cherchent sur cette terre un lieu de paix,
Un rayon d'espoir, qui transformera notre existence.
La fragilité de notre vie depuis notre naissance,
Nous fait nous interroger sur notre place dans l'univers.
Nos cœurs, sont-ils prêts à comprendre,
Les drames de tous les jours.
Un enfant échoué sur une plage,
Si tendre, frais, mignon,
Incarnant nos besoins de protection,
D'être pris dans les bras,
Voir notre avenir sur des chemins meilleurs
Un monde sans cruauté,
Une vie juste, plus fraternelle.
Nous n'avons pas demandé de terminer dans une tombe,
Sans avoir eu le bonheur de vivre notre vie à pleines dents.
Une tragédie de tous les jours,
Que nos yeux rencontrent à chaque instant,
Ces images de détresse, de peur, de désarroi.
Notre terre est envahie par des drames de violence,
De vols, de viols, de massacres, de guerres qui font réfléchir,
Où est notre place dans ce monde cruel.
Nous devons méditer à notre devoir d'humain,
De ne pas rejeter l'hospitalité, l'amour, les aides,
Pour des personnes en détresse,
Qui nous appellent d'un cri de douleur,
Leur souffrance doit nous faire comprendre,
Que la solidarité de tous les peuples,
Une vertu ancienne de nos ancêtres durant des siècles,

Qui nous ont montré le chemin du devoir,
D'aider notre prochain,
De lui tendre la main,
De le recueillir,
Un simple geste d'amour,
Qui pourrait changer le monde,
Notre vie de tous les jours.
Ne nous voilons pas les yeux,
Car chaque personne peut avoir un jour,
Au long de toute sa vie,
Besoin de son semblable.
Ne soyons pas égoïstes,
Cherchons dans notre mémoire,
Croyons-nous vivre dans un monde merveilleux,
Depuis les temps des temps,
Les massacres, les tueries, la barbarie existent.
Nos illusions qui sont-elles ?
De croire que tout est beau, tout est rose,
Dans le meilleur des mondes,
Non, cette vision entame notre humanité,
Nous devons rester lucides,
Ouvrir nos yeux, et aller vers l'avant,
En tendant nos mains vers des êtres fragiles,
Peut-être là, nous trouverons en nous notre humanité.
Courage, amour, amitié, main tendue,
Sont des dons que chacun garde enfoui au fond de soi,
Osons face à tous ces drames,
Sortir le meilleur de nous,
Afin qu'un jour, le monde devienne,
Un monde de bonheur, de joie, d'amour,
Et que notre humanité jaillisse.
Notre espoir est enfoui en nous,

Crions tous ensemble,
Faisons renaître ce sentiment d'espoir,
Cet espoir qui montre un monde meilleur,
Un monde d'amour, de joie, de paix.
Cet espoir existe,
Il faut simplement y croire, et se souvenir.
Souviens-toi des espoirs heureux,
Un espoir de tous les instants,
Hier, un espoir de mystère de toujours,
Aujourd'hui, un espoir sans lendemain,
Un espoir si doux à notre esprit,
Qui fait tambouriner notre cœur,
Qui met autour de nous, des lueurs,
Des lumières d'espoirs merveilleux.
Un espoir si mélancolique,
De musique si tendre,
Aux pétales si frêles,
Qui au gré du vent se balance et virevolte,
Au-dessus, des espoirs de bonheur,
Qui en un instant,
Apaise la douleur de notre cœur,
La souffrance de notre esprit,
Qui brille de la rosée du matin,
De mille espoirs colorés,
Au milieu de ces étoiles brillantes,
Aux mille éclats à la lueur des espoirs de joie.
Ces pétales violets, attendant de flétrir,
Au fil du temps, comme un amour sans lendemain,
Un espoir sans penser plus loin,
Au moment même où tu éclos,
De tout ton éclat au milieu de ce songe d'espoir,
Qui couronne ce moment inoubliable,

Qui restera à jamais graver dans nos espoirs.

LA FRANCE PLEURE...

La France pleure,
La France meurtrie,
Impuissante face au danger,
Que sommes-nous devenus,
Trop de larmes.

La France pleure,
La France meurtrie,
Émotion, horreur, désarroi,
Va-t-on vers la guerre,
Abomination et barbarie ?

La France pleure,
La France meurtrie,
Le monde n'est que terreur,
Où est la lumière qui éclaire notre vie ?
La guerre aveugle est là.

La France pleure,
La France meurtrie,
Impuissants, nous regardons,
Tolérance, Liberté, Égalité, Fraternité,
Que veulent dire ces mots si doux ?

La France pleure,
La France meurtrie,
Des valeurs universelles bafouées en un instant.
Notre France pleure,
Triste, choquée, dégoûtée de toute cette violence.

La France pleure,
La France meurtrie,
Les loups, nos ennemis sont là,
Levons-nous contre ce monde,
Monde de barbarie et d'obscurantisme,
Trop de larmes.

La France pleure,
La France meurtrie,
Que sommes-nous devenus,
Crions tous,
Non aux terroristes.

La France pleure,
La France meurtrie,
C'est l'horreur,
C'est la guerre,
Nos cœurs saignent.

La France pleure,
La France meurtrie,
Traumatisme, crime contre l'humanité,
Pourquoi tant de haine ?
Nous ne sommes plus rien.

La France pleure,
La France meurtrie,
Levons-nous devant cette abomination,
Crions tous à l'unisson,
Non, nous voulons la paix, le bonheur.

La France pleure,
La France meurtrie,
Un combat de longue haleine,
Dressons-nous contre nos ennemis,
Arrêtons l'abomination de notre quotidien.

La France pleure,
La France meurtrie,
Tous, derrière les familles des victimes,
Solidarité et compassion,
Des mots puissants à nos cœurs.

La France pleure,
La France meurtrie,
Révoltons-nous,
N'acceptons pas la terreur,
Nous avons des valeurs d'humanité.

La France pleure,
La France meurtrie,
Tous ensemble,
Colorons notre vie en bleu blanc rouge,
Chassons l'ennemi.

La France pleure,
La France meurtrie,
Tous unis,
Appelons à notre humanité,
Notre France en deuil.

LA PEUR...

Un mot si petit...
Un mot du quotidien...
Un mot de tous les jours...
Un mot,
La peur.

Nous la côtoyons à chaque instant,
Une sonnerie dans notre tête,
Un appel dans la nuit,
Un SMS,
Un cri au loin.

Votre vie bascule,
Notre corps tremble,
Les mots sont confus,
Notre tête divague,
Nos yeux brillent,
Notre visage s'assombrit,
En un instant, notre vie bascule.

Cette peur, nous tient dans nos entrailles,
Cette peur, personne ne peut la concevoir,
Chacun de nous, la ressent,
À des degrés différents.

Un mot si petit...
Un mot du quotidien...
Un mot de tous les jours...
Un mot,

La peur.

Nous ne sommes rien, sur la terre,
Face à la douleur,
Nous croisons les doigts,
Espérant un miracle,
Un tout petit miracle,
Un espoir nous reste,
Prier et croire.
Croire en la vie,
Croire à notre destin,
Croire à la guérison,
Croire en l'avenir,
Croire et croire encore...
Un mot si petit...
Un mot du quotidien...
Un mot de tous les jours...
Un mot,
La peur.

La terre raconte…

La terre raconte…
Je tourne, tourne autour de vous,
Je vous offre les merveilles du monde,
Le soleil divin aurore éclaire votre demeure,
La lune enchanteresse danse avec vos ombres,
Les étoiles de l'espoir illuminent vos rêves,
Le ciel nappe le fond de vos cœurs,
Les nuages recouvrent vos erreurs au fil du temps,
Les orages déchirent le monde de vos colères,
La pluie couvre vos envies de perles,
La neige étend son manteau blanc de la froideur de vos âmes,
Les éclairs éclatent de vos noirceurs,
Le vent balaye vos pensées noires,
Les tempêtes se déchaînent devant la trahison,
Les montagnes se dressent au firmament comme un mur de béton,
Les collines s'alignent au-dessus de l'horizon, comme les cadavres,
Les plaines s'étendent au loin sous vos pieds pleins de haine,
Les océans refoulent les vagues sauvages de vos erreurs,
Les mers miroitent sur vos fluides limpides éphémères,
Les lacs coulent vos moments de larmes de tristesse,
Les cours d'eau se jettent avec fracas dans l'empire du mal,
Les glaciers refroidissent l'ardeur de vos tueries,
Les cailloux jonchent vos pas d'amertume,
Les rochers sont durs comme votre cœur d'acier,
Les fleurs embaument l'air du temps pour nettoyer votre saleté,
Les forêts chantent sous la brise de vos chansons monotones,
Le sable se soulève, tourbillonne pour effacer vos fautes,
Les oiseaux sifflent le plus fort possible pour couvrir vos bruits,

Les animaux dévorent tout sur leur passage de vos déchets,
Les hommes, eux, détruisent la beauté nature,
Les hommes, eux, volent la liberté de cette terre,
Les hommes, eux, tuent la sensibilité des êtres,
Les hommes, eux, ravagent les horizons,
Les hommes, eux, dévastent tout sur leur passage,
Les hommes, eux, ruinent le fluide de la vie,
Les hommes, eux, bouleversent la nature sauvage,
Les hommes, eux, ne connaissent pas la beauté du cœur,
Les hommes, eux, ne sont là que pour tout changer,
Les hommes, eux, ne connaissent pas le bonheur de vivre,
Les hommes, eux, ne savent pas respirer l'air du temps,
Les hommes, eux, me détruisent, et je dois me protéger,
Je tourne et tourne autour de vous,
Sans trouver la solution à cette misère,
La terre raconte son histoire, son malheur au fil des siècles.

NOËL, NOËL...

Noël, Noël,
Chantons en chœur,
Noël, tous ensemble
Noël de notre enfance,
Noël, sans frontières,
Noël, de la renaissance,
Noël, de la paix,
Noël, de l'amour.
Tous ensemble,
D'une même voix,
Chantons Noël.

Noël, Noël,
Chantons en chœur,
Noël tous ensemble,
Passons Noël unis,
Les frontières sont bannies,
Les querelles inexistantes,
Tous réunis devant ce sapin,
Tous ensemble,
D'une même voix,
Chantons Noël.

Noël, Noël,
Chantons en chœur,
Noël tous ensemble,
La solitude n'existe plus,
L'amertume de côté,
Les lumières scintillent,

Au-delà des frontières,
Nos cœurs s'unissent,
Tous ensemble,
D'une même voix,
Chantons Noël.

Noël, Noël,
Chantons en chœur,
Noël tous ensemble,
Les étoiles brillent,
Le vent caresse nos visages,
La lune nous sourit,
Tous ensemble,
D'une même voix
Chantons Noël.

Noël, Noël,
Chantons en chœur,
Noël tous ensemble,
Le renouveau,
Le silence disparaît,
La neige étend son manteau blanc,
Les enfants chantent avec joie,
Les regards illuminés de bonheur,
Nos yeux pleins d'amour,
Tous ensemble,
D'une même voix,
Chantons Noël.

Noël, Noël,
Chantons en chœur,

Noël tous ensemble,
Le rassemblement,
L'unité,
L'amour,
La paix,
Un monde de renouveau,
Une vie d'espoir,
Nos cœurs tournés, vers l'avenir
Tous ensemble,
D'une même voix,
Chantons Noël.

Noël, Noël,
Chantons en chœur,
Noël tous ensemble,
Tous ensemble,
D'une même voix,
Chantons Noël.

NOTRE HUMANITÉ...

Interrogeons-nous sur le propre de l'homme,
La bonté, la générosité, le comportement.
Sondons la question de l'unité de l'homme.
Nous sommes tous des hommes,
De couleurs différentes,
De religions discordantes,
De cultures divergentes.
Les philosophes, la religion ont posé la question sous divers angles.
Nous cherchons tous, un sens à l'existence.
Sommes-nous capables de mettre en avant nos valeurs.
Les fusionner pour faire un monde nouveau.
L'homme cherche toujours plus loin,
Sans regarder autour de lui.
Nous nous détruisons au fil des siècles.
L'humanité part en morceaux.
Nous ne voyons rien, n'entendons que le mal autour de nous,
Guerre, vandalisme, torture, attentat, mort, bombes sont nos quotidiens.
Mais où sont nos valeurs morales, culturelles, religieuses et coutumes.
Nous devons faire face tous ensemble devant ce chaos.
Nous partons vers la perte de notre humanité.
Personne ne veut regarder, ni faire face.
Notre humanité n'existe plus.
Nous vivons sous l'air du terrorisme, de la dictature, de l'interdiction,
Nous cohabitons sous l'emblème des catastrophes, des crimes, de la misère, de la faim,
Nous n'éduquons plus nos enfants vers la sagesse,

Vers le sens propre de l'homme.
Tout est carnage, destruction, hantise autour de nous.
Notre humanité perd de sa valeur à nos yeux.
L'amour de son prochain n'existe plus.
Nous mettons en danger le monde.
Sous nos yeux, chaque jour, la misère féconde.
Nos maux de l'existence nous accablent,
Les fruits de la concupiscence nous abreuvent.
Mais où sont l'amour, l'amitié fraternelle, la paix, l'harmonie des peuples.
La paix devrait être la base de notre humanité.
L'homme devrait en prendre conscience.
Nous ne ressentons que l'insécurité.
Notre humanité nous abandonne.
Notre humanité vit dans la mésentente,
Notre humanité est inhumaine,
Notre humanité approuve l'ignorance,
Notre humanité respire l'affrontement,
Notre humanité ferme son cœur,
Notre humanité ne cherche pas la vérité,
Notre humanité entretient la souffrance morale,
Notre humanité est sourde et muette,
Notre humanité a l'esprit de dédain,
Notre humanité est perplexe,
Notre humanité nous éloigne les uns des autres,
Notre humanité rejette nos origines,
Notre humanité s'enferme dans sa perte,
Notre humanité n'est plus qu'individualisme,
Notre humanité perd son amour.
Où est le propre de l'homme ?
Où est la notion d'Unité de l'homme ?
Réveillons-nous !

Appelons à l'unisson des peuples,
Crions notre dégoût,
Interrogeons-nous sur nos vertus ?
Partageons ensemble l'amour de notre prochain,
Apprenons à vivre ensemble,
Bâtissons tous ensemble notre humanité,
Rejetons les guerres, les dictatures, le terrorisme,
Balayons tous les maux de notre humanité.
Et tous unis, retrouvons notre humanité.

NOUVEL AN, NOUVEL AN...

Tu arrives depuis des siècles, à minuit,
Chassant d'un geste l'année précédente.
Malgré les changements,
Rien ne t'arrête.
Tous unis, d'une même ferveur.

Nouvel An, Nouvel An...
Tu es là.
Les longues veillées dans l'univers,
Les hommes s'unissent, pour un instant,
Pour fêter en cœur, ton arrivée.

Nouvel An, Nouvel An...
Par-dessus les nuages,
Tu apportes joie et bonheur,
L'espoir d'une nouvelle année meilleure,
L'amour, la paix, la joie, la solidarité.

Nouvel An, Nouvel An...
De longues tables sont dressées,
Pour te fêter,
Des lumières brillent, étincellent de mille feux,
Pour croire à une vie nouvelle,
Pendant un instant,
L'espoir de meilleurs jours nous fait revivre,
La fête bat son plein,
Rien ne nous arrête,
Nous chantons, rions tous en cœur,
D'une même voix,

Un nouvel espoir est né,
Une nouvelle année est là,
Nouvel An, Nouvel An...

OH ! DOUCE NUIT, MERVEILLEUSE NUIT...

Oh ! douce nuit, merveilleuse nuit,
C'est la nuit de Noël,
Les étoiles brillent au firmament,
Les clochers heureux carillonnent au loin,
Sous les toits des maisons,
Les rires des enfants retentissent,
Le feu crépite dans les cheminées,
Les cœurs s'ouvrent de bonheur,
Le sapin étincelle,
De lumières multicolores,
De boules de couleurs,
De guirlandes magiques.
Noël apporte la joie, le bonheur, la paix,
Pendant ce temps,
Au milieu de la nuit,
Nous t'attendons,
Au loin dans les nuages,
Tu attends pour nous donner du rêve,
Un moment de paradis,
Un moment de joie,
C'est la belle nuit de Noël,
Tous heureux sous une même étoile,
L'étoile de la paix,
L'étoile de l'espérance,
L'étoile de l'amour,
L'étoile du bonheur,
Oh ! douce nuit, merveilleuse nuit,
C'est la nuit de Noël,
La nuit de tous les rêves,
Aujourd'hui plus rien n'existe,

Que toi, Noël,
Le paradis de tous,
Oh ! douce nuit, merveilleuse nuit.

Où es-tu ma patrie, ma France ?

Ma France est meurtrie,
Ma France est triste,
Ma France est choquée,
Ma France pleure ses morts, ses enfants.
Unissons nos cœurs, nos prières,
Face à ces actes de barbarie.
Réagissons,
Exprimons notre horreur, face aux actes d'inhumanité,
Gardons notre dignité.
Luttons contre les intégristes religieux ou politiques,
Cultivons notre liberté,
L'amour triomphera de la haine, la peur, la violence.
Relevons la tête,
Pansons nos blessures,
Malgré notre sourire égaré en un instant,
Et nos cœurs serrés.
Le cœur de ma France saigne,
L'émotion nous submerge le cœur,
La solidarité est notre arme,
Pour vaincre tous ensemble, l'horreur.
Notre force nationale et notre compassion feront notre grandeur,
Devant ce barbarisme, ces terroristes.
Continuons à vivre,
Ne donnons pas caution à ces ennemis.
Pourtant que de cris de colère et d'indignation,
Devant notre drapeau en berne, cet état d'urgence
Et nos frontières fermées.
Protégeons notre démocratie,
Restons unis contre ce monde pourri,
Notre solidarité peut vaincre,

L'union fait la force,
L'amour est notre devise,
Devant nos cris de colère et d'indignation.
Où est ma patrie, ma France,
Réveillons-nous !
Prenons les armes de l'amour,
Pour reconquérir la paix,
Belle France,
Au bout du chemin,
Tu seras triomphante.
Aujourd'hui, nos larmes coulent,
Mais demain, nous chanterons les louanges de la paix,
Ma belle France, ma patrie.

VOUS LES HOMMES...

Vous les hommes...
Vous cherchez quoi ?
Une femme sophistiquée,
Une femme aimante,
Une femme-objet,
Une femme-enfant,
Une femme mère.

Vous les hommes...
Vous cherchez quoi ?
Un visage d'ange,
Un visage d'amour,
Un visage de terreur,
Un visage de glace,
Un visage de rêve.

Vous les hommes...
Vous cherchez quoi ?
Un corps de déesse,
Un corps de plastique,
Un corps de soumission,
Un corps de froideur,
Un corps de pureté.

Vous les hommes...
Vous cherchez quoi ?
Un amour sans lendemain,
Un amour pour la vie,
Un amour pour détruire,

Un amour platonique,
Un amour pour aimer.

Vous les hommes...
Vous cherchez quoi ?
Un regard aimant,
Un regard fuyant,
Un regard vide,
Un regard triste,
Un regard sans tain.

Vous les hommes...
Vous cherchez quoi ?
Une vengeance d'enfance,
Une vengeance de force,
Une vengeance d'esprit,
Une vengeance de colère,
Une vengeance d'homme.

Vous les hommes...
Vous cherchez quoi ?
Un mépris des femmes,
Un mépris de votre enfance,
Un mépris de la vie,
Un mépris de l'amour,
Un mépris de l'indifférence.

Vous les hommes...
Vous cherchez quoi ?
Un instant de force,
Un instant de bonheur,

Un instant de faiblesse,
Un instant de destruction,
Un instant de tristesse.

Vous les hommes...
Vous cherchez quoi ?
Un besoin de vous assouvir,
Un besoin de vos fantasmes,
Un besoin de vengeance,
Un besoin d'amour,
Un besoin de tendresse.

Vous les hommes...
Vous cherchez quoi ?

Plus jamais....

Plus jamais de stress,
Plus jamais de bombes,
Plus jamais de sans-abri,
Plus jamais de crime,
Plus jamais de malbouffe,
Plus jamais de dette extérieure,
Plus jamais de pollution,
Plus jamais de pauvreté,
Plus jamais de viol,
Plus jamais de manipulation,
Plus jamais de violence,
Notre terre est fragile,
Notre planète terre subit des dangers,
Notre terre risque de devenir stérile,
Nous devons faire un choix,
Les peuples demandent trop à notre planète,
Sa capacité va être détruite,
Faisons le nécessaire,
Pour sauver notre avenir
Et devons des personnes sensées, sages.

Vendredi 13...

Que de mystère autour !
Chanceux ou malchanceux ?
Vendredi 13 suscite des débats infinis,
Un symbole de chance inouïe,
Un symbole de malchance inexpliqué.
Une légende des temps anciens.
Pour certains,
Vendredi 13 est un destructeur d'harmonie,
Pour d'autres,
Vendredi 13 est synonyme d'événements malheureux.
Il génère de la phobie,
Une peur irraisonnée.
Légendes, mythes, faits mystérieux jonchent l'histoire.
Vendredi 13 se fonde sur des croyances :
Treize apôtres siègent à table,
Le Christ crucifiait un Vendredi 13.
Nous touchons du bois pour nous porter chance.
Que de superstitions !
Rien n'est possible, ni impossible.
Tout est dans notre éducation.
Une illusion de notre vie.
Nos douleurs de notre existence.
Vendredi 13 est l'amalgame de fétichisme
Vendredi 13 fait-il peur ou envie ?
Il ne nous laisse pas indifférent.
Vendredi 13 sera toujours là,
Dans notre vie, dans l'avenir,
Et perpétuera à jamais.

Amitié

S'il fallait mettre un nom sur l'amitié,
Pour lui donner toute sa grandeur,
Pour la décrire avec un maximum de vérité,
Il faudrait la choisir avec le cœur.

S'il fallait mettre un nom sur l'amitié,
Pour refléter le visage du bonheur,
Pour y voir briller un sourire de sincérité,
Il faudrait la choisir avec chaleur.

S'il fallait mettre un nom sur l'amitié,
Pour faire naître la tendresse,
Pour éveiller un monde de sensibilité,
Il faudrait la choisir avec sagesse.

S'il fallait mettre un nom sur l'amitié,
Pour donner le vrai sens à ami,
Pour se nourrir de sa grande sérénité,
Il faudrait lui donner le nom de tendresse.

AUTOMNE

Ce matin, l'automne a pris son envol,
Les feuilles emportées par le vent tourbillonnent,
En laissant un bruit mélancolique, plein de douceur.
Le ciel remplit de nuages, de pluie, de neige,
Pleure, et regrette les chants des oiseaux.
Les feuilles dans le vent courent, vers l'inconnu.
Elles voudraient suivre les oiseaux,
Mais le vent les reteint,
Un obstacle pour la liberté.
Le silence des sous-bois est calme et léger.
Le vent passe dans les cheveux, comme une aile douce.
Les jours s'abrègent,
L'automne se réveille avec ces mille couleurs.

Arnaque

Pour nous naïfs, pleins les yeux,
Nous croyons à notre belle étoile,
Un beau matin, une belle aventure,
Un lieu où nous ne pouvons revenir,
Un ami sur Facebook !
Hélas ! Hélas !
Un piège bien orchestré,
De la gentillesse,
Un besoin de nous,
Des appels aux secours.
Et par générosité, nous tombons dans le piège.
Ce piège se referme progressivement sur nous.
Que faire ! Que dire !
Votre naïveté, votre générosité nous perdent.

SI JE POUVAIS CHANGER LE MONDE

Si je pouvais changer le monde,
J'écrirais des maux avec des mots,
Pour faire vibrer le monde,
Avec ma plume, ma page.

Si je pouvais changer le monde,
Je composerais des lignes d'écriture,
Pour sécher les larmes de chagrins,
Avec ma plume, ma page...

Si je pouvais changer le monde,
Je dicterais à ma main,
Des mots pour guérir le mal,
Avec ma plume, ma page...

Si je pouvais changer le monde,
J'offrirais le plus beau des rêves,
Pour offrir l'amour, la paix, la guérison,
Avec ma plume, ma page...

Si je pouvais changer le monde,
J'élaborerais des rimes,
Pour détruire les guerres, la faim, la pauvreté,
Avec ma plume, ma page.

Si je pouvais changer le monde,
J'assemblerais des vers,
Pour adoucir nos peines, nos souffrances, nos douleurs,

Avec ma plume, ma page.

Si je pouvais changer le monde,
Je bâtirais des sonnets,
Pour abattre toute la misère du monde,
Avec ma plume, ma page.

Si je pouvais changer le monde,
J'entonnerais des sons musicaux,
Pour apaiser ce monde cruel,
Avec ma plume, ma page.

Si je pouvais changer le monde,
J'élèverais des hymnes,
Pour glorifier nos héros,
Avec ma plume, ma page.

Si je pouvais changer le monde,
J'épiloguerais des psaumes,
Pour rejeter tous les beaux discours,
Avec ma plume, ma page.

Si je pouvais changer le monde,
J'abreuverais des chansons,
Pour exclure les ennemis des patries,
Avec ma plume, ma page.

Si je pouvais changer le monde,
Avec ma plume, ma page,
Tous les peuples seraient égaux,
Toutes les croyances acceptées,

Toutes les frontières abolies,
Et Liberté, Égalité, Fraternité,
Signifieraient notre espoir d'un monde nouveau.

Toi, qui es-tu ?

Toi, qui es-tu ?
Avec ton visage d'ange,
Avec ton sourire éclatant,
Avec ton comportement innocent.

Toi, qui es-tu ?
Tu mets tout le monde à tes pieds,
Tu manipules à ta guise,
Tu t'empares de nos vies,
Tu nous soumets à ta volonté
Tu détournes tout en ta faveur,
Tu sais jouer avec nos sentiments,
Tu t'appropries ce qui ne t'appartient pas.

Toi, qui es-tu ?
Tu es le centre de la terre,
Tu rabaisses jusqu'à nous dégrader,
Tu blesses jusqu'au plus profond de nos âmes,
Tout t'est dû,
Tu es la princesse, la reine,
Tu méprises la vie,
Tu détestes le travail,
Ton quotidien est de dormir, jouer, se prélasser,
Tu regardes les autres d'un air narquois,
Tu sèmes le désespoir, la haine, la peur,
Tu soumets les gens par ta façon d'agir,
Tu conduis nos vies,
Par des ordres, des soumissions, des reproches.

Toi, qui es-tu ?
Qui es-tu pour agir ainsi ?
Qui es-tu pour te permettre tout ?
Qui es-tu pour dicter tes ordres ?
Qui es-tu enfin ?

Toi, qui es-tu ?
Regarde-toi avant d'agir !
Regarde avant de faire souffrir ceux qui t'aident !
Regarde ce que tu nous fais !
Regarde ceux qui ne t'aident pas.

Toi, qui es-tu ?
Tu n'aimes que toi, ta petite personne.
Les autres sont à tes pieds,
Tu fais jaillir le malaise,
Tu mens à tour de bras,
Disant à l'un une chose, à l'autre une autre,
Tu n'es contente que lorsque les problèmes tombent,
Tu es le mal incarné,
Tu fais tout pour désavouer les autres ?
Tu sais tout, mais tu ne sais rien,
Tu veux être le maître,
Tu veux tout sans rien faire,
Mais qui es-tu ?
Toi... !!!

Ouvrir son cœur, pourquoi ?

Nous devons ouvrir nos cœurs,
Nous devons dire nos émotions, nos sentiments,
Nous sommes rongés de l'intérieur,
Nous sommes entourés de froideurs,
Nous n'écoutons plus nos proches,
Nous n'écoutons plus nos cœurs battre,
Nous n'avons plus le temps de vivre,
Nous n'avons pas le courage de tout stopper,
Nous ne savons plus regarder la vie avec nos yeux,
Nous ne savons plus goûter aux plaisirs de l'amour,
Nous n'arrivons plus à tendre la main,
Nous n'arrivons plus à dire des mots doux,
Nous ne connaissons plus la fidélité,
Nous ne connaissons plus l'harmonie,
Nous ne sourions plus à un inconnu,
Nous ne sourions plus aux jours heureux,
Nous ne vivons plus dans un monde merveilleux,
Nous ne vivons plus nos joies intenses,
Nous ne glorifions plus nos croyances,
Nous ne glorifions plus l'amour de notre prochain,
Nous ne fortifions plus nos acquis,
Nous ne fortifions plus la paix dans le monde,
Nous ne paraissons rien, qu'un grain de sable,
Nous ne paraissons rien, qu'un esclave de notre temps,
Nous ne croyons plus au miracle de la vie,
Nous ne croyons plus aux belles paroles.

Ouvrir son cœur... Pourquoi ?
Pour réaliser nos plus beaux rêves,
Pour réaliser l'amour de toute une planète,

Pour découvrir les moments inoubliables,
Pour découvrir la beauté du geste d'amour,
Pour accepter de parler avec des mots vrais,
Pour accepter de côtoyer notre prochain,
Pour aider les malheurs,
Pour aider les sans-abris,
Pour demander pardon aux autres,
Pour demander la fin des souffrances,
Pour supprimer les guerres,
Pour supprimer les injustices,
Pour aller de l'avant,
Pour aller vers le bonheur,
Pour cheminer sur notre voie parsemée de fleurs,
Pour cheminer pour notre avenir plein de tendresse,
Pour dissuader les malveillants,
Pour dissuader les dictateurs,
Pour vivre pleinement sa vie,
Pour vivre sur une terre promise,
Pour s'accepter tous,
Pour s'accepter avec nos différences,
Pour rejeter l'absurde,
Pour rejeter la froideur,
Pour attirer la confiance,
Pour attirer l'humilité,
Pour accompagner nos enfants,
Pour accompagner nos malades,
Pour activer la paix dans le monde,
Pour activer le bonheur de chacun,
Voilà pourquoi, il faut ouvrir son cœur.

Nous ne voulons plus être otage

Nos yeux ne nous appartiennent pas,
Nous sommes les otages de nos souvenirs passés et présents,
Nos paupières closes nous racontent,
Ouvertes, elles donnent sur nous.
Nous n'avons plus de sourire,
Nos angoisses pleuvent,
Nous voulons être libérés de nos cages.
Nous aimerions nous enfuir.
Loin des carnages de la vie.
Nos vies sont un long voyage,
Parsemées de virages, de méandres,
Difficile d'avancer ainsi.
Nous réfléchissons,
Nous écoutons,
Nous regardons,
Nous avons peur de l'avenir,
Des sueurs froides nous parcourent,
Nos corps crient à l'agonie,
Nous ne voulons plus être otage.
Nous voulons vivre,
Nous souhaitons voir des lueurs sur nos visages,
Nous voulons que nos yeux scintillent,
Plus de larmes,
Plus de souffrance.
Nous ne voulons plus être otage.
Ni du passé, ni du présent.
Nous nous réveillons,
Nous regardons autour de nous,
Que la vie semble grisâtre,
Devant ce déluge qui nous tombe sur la tête,

À chaque moment de notre existence,
Nous subissons,
Le pouvoir de notre pays,
Les interdictions qui s'empilent à chaque instant,
Les salaires en diminution,
Les enfants violés, battus,
Les animaux maltraités,
La religion qui s'entre-tue,
La violence à chaque coin de rue,
Les guerres aux quatre coins du monde,
La misère qui s'installe,
Nous ne voulons plus être otage.
Nous aspirons à la liberté d'expression,
Nous acceptons l'amour, pas la guerre ;
Nous acceptons l'égalité de tous, pas la discrimination,
Le bonheur est à construire,
Nous avons besoin de revivre
Sans dette extérieure,
Sans pauvreté,
Sans pollution,
Sans malbouffe,
Sans crime, ni prison,
Sans bombe,
Sans stress,
Sans pauvreté, plus de sans-abri.
Nous devons nous rassembler,
Crier à nos gouvernements,
Stop, à la dictature,
Stop aux conflits internationaux,
Stop au racisme,
Stop à l'ignorance,
Stop, et encore stop.

Les seuls mots que nous devrions prononcer :
Liberté, Égalité, Fraternité,
Pour tous les peuples de la terre.
Stop à cette aberration,
Stop à nos souffrances,
Stop et encore stop
Unissons-nous, pour dire :
Nous ne voulons plus être des otages.

LIBERTÉ DE TOUJOURS

Où es-tu liberté de toujours...
Joli mot, sensible à nos oreilles,
Joli mot, doux à prononcer,
Te garder, nous voulons,
Dans nos cœurs, palpiter,
Dans nos yeux, refléter.

Où es-tu liberté de toujours...
Joli mot, écriture si sensible,
Joli mot, consonance si pure,
Te choyer, nous exprimons,
Dans nos bouches, soupirer,
Dans nos oreilles, murmurer.

Où es-tu liberté de toujours...
Joli mot, tracé du bout des doigts,
Joli mot, dessiné sur nos cahiers,
Te cajoler, nous exprimons,
Dans notre vie, aimer,
Dans notre existence, vivre.

Où es-tu liberté de toujours...
Joli mot, pour sauver la tristesse,
Joli mot, pour anéantir le désarroi,
Te supplier, nous prions,
Dans la difficulté, crier,
Dans la souffrance, hurler.

Où es-tu liberté de toujours...
Joli mot, pour délier le stress,
Joli mot, pour redonner l'humanité,
T'implorer, nous t'invitons,
Dans la terreur, rejeter,
Dans la tyrannie, absoudre.

Où es-tu liberté de toujours...
Joli mot, pour rendre le sourire,
Joli mot, pour ramener la joie,
Te solliciter, nous te convions,
Dans la contrainte, exterminer,
Dans la soumission, déshabituer.

Où es-tu liberté de toujours...
Joli mot, pour pardonner la servitude,
Joli mot, pour déstabiliser la tyrannie,
Te réclamer, nous t'implorons,
Dans la haine, abandonner,
Dans le racial, déloger.

Où es-tu liberté de toujours...
Joli mot, pour vagabonder au gré des envies,
Joli mot, pour s'envoler au-delà des frontières,
Te rapprocher, nous te demandons,
Dans la noirceur, blanchir,
Dans l'obscurité, éclairer.

Où es-tu liberté de toujours...
Joli mot, pour rêver au fil de l'eau,
Joli mot, pour danser sous la pluie,

Te rassembler, nous te convions,
Dans les injures, prier,
Dans les coups, se relever.

Où es-tu liberté de toujours...
Joli mot, pour s'endormir au coin du feu,
Joli mot, pour chanter au firmament,
Te requérir, nous te quémandons,
Dans les chemins écartés, rapprocher,
Dans les pieds, mains liées, délier.

Où es-tu liberté de toujours...
Joli mot, pour braver les frontières,
Joli mot, pour désavouer l'autorité,
Te soulever, nous te revendiquons,
Dans les trahisons, appuyer,
Dans les blessures, soigner.

Où es-tu liberté de toujours...
Joli mot, pour comprendre les valeurs,
Joli mot, pour entendre les mots d'amour,
Te faire revivre, nous t'associons,
Dans les faiblesses, guérir,
Dans les servitudes, sauver.
Où es-tu liberté de toujours...
Joli mot, pour défendre l'être humain,
Joli mot, pour accompagner notre vie,
Te louer, nous te rejoignons,
Dans l'égoïsme, relier,
Dans la jalousie, solidariser.

Où es-tu liberté de toujours...
Ce mot tant souvent prononcé,
Ce mot tant souvent écrit,
Dans nos manuscrits d'école,
Dans nos cahiers de collégiens,
Nous t'appelons à l'aide,
Nous te supplions de revenir,
Où es-tu liberté de toujours.

Qu'ils sont beaux nos deux bateaux

Qu'ils sont beaux nos deux bateaux,
Dans le port de Saint-Nazaire,
Au gré du vent,
Ils voguent, ils voguent, ils voguent.

Accostés au quai, ils miroitent un acquéreur,
Tendus, la proue fixe,
Ils attendent leur destin,
Leur survie dépend d'un accord.

Qu'ils sont beaux nos deux bateaux,
Dans le port de Saint-Nazaire,
Au gré du vent,
Ils voguent, ils voguent, ils voguent.

Nos yeux sont rivés vers eux,
Le fruit de nos ardeurs,
Perdus dans le port au milieu des flots,
Ils écoutent nos cris de désaccord,
Notre si belle France,
Combien nous te coûtons chaque jour.

Qu'ils sont beaux nos deux bateaux,
Dans le port de Saint-Nazaire,
Au gré du vent,
Ils voguent, ils voguent, ils voguent.

Qui va payer l'erreur, la note ?
Nous sommes menés en bateau.

Les Français vont se serrer la ceinture,
Et tout ira mieux dans le meilleur des mondes.
Pardon, mes amis,
Nous n'avons pas voulu la facture salée.

Qu'ils sont beaux nos deux bateaux,
Dans le port de Saint-Nazaire,
Au gré du vent,
Ils voguent, ils voguent, ils voguent.

La facture est pourtant là,
Elle risque d'être salée,
Et les accords,
Pourtant notre naval se remettait à flot,
Mais voilà,
Ce n'était pas un coup de poker.

Qu'ils sont beaux nos deux bateaux,
Dans le port de Saint-Nazaire,
Au gré du vent,
Ils voguent, ils voguent, ils voguent.

Si la justice existait ?

Si la justice existait ?
Nous pourrions demander justice.
Nous pourrions demander réparation,
Nous pourrions demander nos droits.
Nous ne savons plus où nous tourner.

Si la justice existait ?
Nous pourrions vivre en paix.
Nous pourrions être égaux.
Nous pourrions réclamer nos dus.
Nous ne savons plus où nous situer.

Si la justice existait ?
Nous pourrions pourchasser les meurtriers.
Nous pourrions emprisonner les terroristes.
Nous pourrions anéantir les violeurs.
Nous ne savons plus où nous placer.

Si la justice existait ?
Nous pourrions dire justice.
Nous pourrions dire fraternité.
Nous pourrions dire égalité.
Nous ne savons plus où nous positionner.

Si la justice existait ?
Nous pourrions crier ensemble,
Nous pourrions hurler d'une même voix,
Nous pourrions nous rassembler,
Nous ne savons plus où nous élever.

Toi mon amitié

Toi, mon amitié,
Tu es un roc puissant,
Sur cette terre profonde.
Tu es éternelle,
Une musique douce à mes oreilles.
Tu ne connais pas les années, ni les rides,
Tu ne perçois pas le temps qui passe,
Tu ne t'arrêtes pas avec l'éloignement,
Tu ne regardes pas la couleur, ni les croyances,
Tu es mon lien profond,
Sans toi, mon amitié, je n'existe pas.

Toi, mon amitié,
Tu es mon ami, sur mon chemin,
Tu es mon ami, pour m'écouter,
Tu es mon ami, pour me confier,
Tu es mon ami, pour me comprendre,
Tu es mon ami, pour essuyer mes larmes,
Tu es mon ami, pour me consoler.

Toi, mon amitié,
Tu es l'estime de l'autre,
Tu es un sentiment très fort,
Car ce lien est solide, près ou loin.
Tu unis des êtres,
Les lies avec des nœuds solides,
Tu dégages de l'estime l'un vers l'autre,
Tu es une douceur toute simple,
Tu résistes au temps,

Tu n'as pas de prix.

Toi, mon amitié,
Tu requiers de la compréhension
Tu n'es pas un compromis,
Tu es un souvenir profond,
Dans mon cœur, dans mon âme.
Tu ne demandes pas d'argent,
Tu ne t'achètes pas,
Tu viens simplement à moi,
Tu demeures dans mon cœur,
Tu comprends le sens de ma vie,
Tu ne ternis pas malgré la distance, le temps,
Tu es un lien précieux.

Toi, mon amitié,
Sans toi, la vie n'a pas de sens,
Sans toi, je ne suis rien,
Sans toi, le monde n'existe pas,
Sans toi, mon cœur se ferme
Toi, mon amitié.

Tout le monde a le droit de rêver

Tout le monde a le droit de rêver,
Ni l'exil, ni la prison, ni les guerres,
Ne peuvent nous priver de rêver.
Rêver, nous fait oublier la réalité,
Rêver, c'est si doux,
Rêver, c'est dire non à l'impossible,
Rêver, c'est s'inventer un monde imaginaire,
Rêver, c'est créer son univers à soi,
Rêver, c'est broder une vie de couleurs,
Rêver, c'est apporter de la fraîcheur à la vie,
Rêver, c'est se promener dans un jardin secret,
Rêver, c'est une porte ouverte à l'inconscient,
Rêver, c'est une prolongation du bonheur,
Rêver, c'est le plus doux des moments,
Rêver, c'est la littérature du sommeil,
Rêver, c'est le bonheur assuré,
Rêver, c'est le pays du monde enchanté,
Rêver, c'est la gaieté de la vie,
Rêver, c'est un moment intense,
Rêver, c'est agir de son plein gré,
Rêver, c'est le bonheur infini.

Tout le monde a le droit de rêver,
Personne ne peut nous l'interdire,
C'est notre monde à nous,
C'est notre univers, notre terre promise,
C'est notre liberté gagnée,
C'est notre moyen de vivre,
C'est notre refuge dans un monde meilleur,
C'est notre enfance heureuse,

Ce sont nos amours intenses,
Ce sont nos illusions de chaque jour,
C'est notre choix de vivre,
C'est notre bien-être enfoui en nous,
C'est notre prince charmant sur son cheval blanc,
C'est notre princesse des mille et une nuits,
C'est une vie meilleure,
C'est un monde sans guerre,
C'est notre univers de création.
C'est le droit d'être libre,
C'est la grâce de nous mouvoir.

Tout le monde a le droit de rêver,
Chaque nuit, chaque jour, à l'infini,
Le mot "rêver" reste le mot de nos rêves,
Qu'il soit écrit d'une façon ou d'une autre,
À l'endroit ou à l'envers,
Rêver, nous en avons besoin pour illuminer notre vie.

Tout le monde a le droit de rêver.

Ma Colombe, ma blanche Colombe...

J'ai pris mon pinceau, ma plume,
Pour mémoriser tous tes symboles,
Que nous te donnons,
Ma Colombe, ma blanche Colombe.

Tu planes au-dessus de l'abîme,
Au loin déployant tes ailes blanches.
Tu parcours des milliers de kilomètres,
Pour apporter de la joie dans nos cœurs,
Ma Colombe, ma blanche Colombe.

Ton vol est notre lien entre le ciel et la terre.
Tu symbolises pureté, amour, paix, liberté, harmonie, fidélité,
espoir.
Ta grâce, ta beauté, ta blancheur immaculée,
Ta douceur de ton roucoulement,
Apaisent nos cœurs, nos âmes,
Ma Colombe, ma blanche Colombe.

Tu lances des défis au monde entier,
Apportant douceur, amour.
Tu transportes tous nos vœux les plus sacrés.
Tu portes sur tes ailes tout le poids de l'univers,
Ma Colombe, ma blanche Colombe.

Tu es la liberté,
D'un coup d'aile, tu vas et viens aux quatre coins du monde.
Ta blancheur, ta légèreté,
Nous redonnent un peu d'humanité.

Grâce à toi, j'ai glissé sur le vent de la liberté ma plume, mon crayon,
J'ai volé avec ma page,
J'ai écrit sur les tourbillons mes émotions,
Fait danser les mots de mes maux,
J'ai plané au-dessus des nuages,
J'ai frôlé ton aile,
La liberté de voler,
Toujours et toujours encore plus haut,
Blanche, majestueuse, élégante,
Avec pureté, avec vérité,
Tu es porteuse d'un message fort et universel,
Ma Colombe, ma blanche Colombe.

Regard …

Illustration Florent Lucéa

Je m'interroge et je déroge !

Amour – Chagrin – Tendresse - Désarroi

Nous méditons sur notre vie à la quête d'être heureuse, sur nos réussites, nos échecs, nos amours, qui ont inscrit notre histoire au fil des ans.

Nous cherchons toujours un sens à notre existence face à l'impression de passer à côté du bonheur, de l'amour...

La question : Comment donner un sens à notre vie ?

Pourtant, elle nous échappe.

Les épreuves font partie de notre entité. Elles nous confrontent à nos douleurs, notre désarroi, notre souffrance, à nos échecs, à notre bonheur.

Certains réussissent à passer outre, d'autres s'enfoncent et n'arrivent pas à faire surface.

Ils se noient dans l'incertitude, la peur, le rejet, et se posent mille questions face à leur miroir, qui projette leur mal de vivre.

Nous posons nous la bonne question, pour sortir de notre malaise, et sortir de notre noyade.

Parfois, nous aimerions s'éloigner de tout, faire le vide, s'évader, rêver à certains moments.

Les mots sont le miroir de nos ressentis, et le reflet de notre histoire.

Qui n'a jamais connu une fois dans sa vie la souffrance, la tristesse, la douleur, le désarroi, la colère, la peur, la frustration, le viol, la violence... ?

Notre chemin est propre à nous-même et nous traînons derrière nous notre boulet.

Pourquoi écrire ?

Pour soulager ses maux,
Pour demander pardon,
Pour se souvenir,
Pour guérir de ses peurs,
Pour communiquer avec les autres,
Pour transmettre nos erreurs, nos émotions,
Pour apporter l'espoir, nos connaissances,
Pour partager,
Pour se rebeller,
Pour se révolter,
Pour supplier,
Pour crier,
Pour pleurer,
Pour dénoncer,
Pour protéger.

Écrire par besoin, n'importe où, n'importe quand, pour trouver la clé qui nous déchaînera de nos chaînes.

L'écriture reste, les mots s'envolent.

Il faut beaucoup de courage pour rompre avec son passé, évoquer ses maux.

Le regard que nous portons est un support important de notre communication entre nous.

Il permet de maintenir l'attention.

Le regard que nous portons, peint sur nos pages des images qui résultent de nos ressentis, et se terminent en mélodie.

Le destin de chacun est notre seule occupation, notre univers est irremplaçable. Personne ne peut nous l'accaparer.

Nous devons à chaque moment, couver cette bouffée de vie, contre l'antipathie, l'aversion, l'appréhension pour provoquer l'espoir, car sans espoir, le fait de vivre n'a pas lieu d'exister, sans l'amour des autres.

Rien n'est avéré, nous devons combattre, car tout reste à acquérir.

À n'importe quel moment de notre destin, alarmant ou agréable, il faut faire attention à ne pas prendre une décision facile.

Il faut batailler encore et encore batailler et croire qu'au bout du chemin, notre fureur, de survie n'est pas dérisoire.

Toute ma vie, j'étais révoltée au plus profond de mon être du mal qui me consumait.

Mes cris, mes faiblesses, mes larmes ont été mon quotidien, et je suis passée à côté de la beauté de la vie qui m'entourait.

L'injustice m'a toujours révolté depuis ma plus jeune enfance, j'ai donné de ma personne, sans rien en retour, et aimé tous ceux qui approchaient.

J'abrite dans mon cœur, tous les émois de ma vie. Perdue, brisée sous les coups de mon passé.

Les jours, les nuits, les semaines, les mois, les années sont un cachot noir et froid.

Personne n'est là, personne qui comprenne mon désarroi, ni m'entoure d'un regard convivial, ni ne me tend la main pour m'enlacer. Seule, je vagabonde, ma plume, mon crayon, mon papier sont mes amis.

INDIFFÉRENCE, POURQUOI ? ...

Un mot facile à prononcer,
Si difficile à accepter.
Je ne comprends plus.
Je me demande sans cesse,
M'aimes-tu encore ?
Car je souffre de ton indifférence.
Tu ne prêtes plus attention à moi,
Ton regard est vide,
Noyé dans tes pensées,
Je me sens seule, rejetée.
Je me pose tant de questions.
Ne suis-je plus rien dans ton regard ?
D'où vient ce sentiment bizarre,
Que je suis seule ?
J'ai un sentiment de vide intérieur.
N'ai-je pas assez d'importance à tes yeux,
Pour me montrer que j'existe ?
Tu ne montres plus rien.
J'attends un geste,
Le cœur plein d'espoir,
Je t'attends.
Je souffre et souffre en mon âme intérieure,
Souvent, je pleure, je doute,
Mais ma douleur t'indiffère.
Je voudrais tant que tu me prennes dans tes bras,
Que tu me cajoles,
Que tu me consoles.
Mais pas un geste, une parole pour me rassurer.
Que suis-je pour toi, dans ta vie ?
Je ne sais plus où est ma place dans ton cœur.

Je me sens mourir,
Cela me ronge de l'intérieur,
J'ai peur.
Je t'aime tant,
Tu es mon cœur, tu es ma fontaine de ma vie.
Je pense à toi à chaque souffle de mon existence,
J'ai tant besoin de ton amour.

Je suis la mal comprise, la mal aimée...

Je suis la mal comprise, la mal aimée,
Je me sens seule incomprise,
Personne ne me comprend.

J'ai l'impression de parler dans le vide,
Pour eux, les mots sont mal pris.
Tout ce que je dis est mal ressenti,
Je les ennuie au quotidien,
Je les dérange dans leur vie.

Je suis la mal comprise, la mal aimée,
Je me sens seule incomprise,
Personne ne me comprend.

Mon cœur est plein de chagrin,
Ma vie est un enfer,
Seule, dans mon coin,
Je n'ose plus rien dire,
Sans avoir la peur au ventre.

Je suis la mal comprise, la mal aimée,
Je me sens seule incomprise,
Personne ne me comprend.

Que vont-ils encore croire ?
Que vont-ils encore déformer ?
Que vont-ils encore imaginer ?
Que vont-ils encore interpréter ?

Je suis la mal comprise, la mal aimée,
Je me sens seule incomprise,
Personne ne me comprend.

J'ai le sentiment d'être une menace,
J'éprouve un rejet de leur part.
J'ai peur d'être la mal comprise,
J'ai peur d'être la mal aimée.
Pour les uns, je suis le petit canard boiteux,
Pour les autres, une personne étouffante,
Pour certains, la méchante,
Pour tous, je détruis tout autour de moi,
Il semble que je parle trop,
Que je critique,
Que je déforme,
Que j'embête,
Que je dérange.

Je suis la mal comprise, la mal aimée,
Je me sens seule incomprise,
Personne ne me comprend.

Mais où est ma place dans ce monde ?
Personne ne comprend,
Ou personne ne veut m'écouter,
Ou personne ne veut entendre,
Ou personne ne veut voir.

Je suis la mal comprise, la mal aimée,
Je me sens seule incomprise,
Personne ne me comprend.

Je suis le punching-ball...

Je suis le punching-ball
Ma vie est menée par les autres.
Je dois me taire,
Je suis le punching-ball,
La bonniche de la maison,
Chaque erreur des autres,
Est ma faute.
Je n'ose plus rien dire,
Je vis un cauchemar à chaque instant,
Je subis les menaces,
Je me sens une étrangère dans ma propre maison,
Aucun respect vis-à-vis de moi,
Je porte un fardeau sur mes épaules,
Plus je suis gentille,
Moins j'ai de reconnaissance,
Je dois me plier à leurs caprices.
Je suis entourée d'hypocrisies, de mensonges,
Rejetée de tous mes droits,
J'erre au milieu des loups,
Leurs paroles sont d'or,
Les miennes n'ont pas d'importance.
Je suis détruite au fil des jours,
Par leur comportement,
Par leur façon d'agir,
Par un dédain,
Par la peur au ventre,
Des harcèlements,
Des menaces.
Je n'ai plus d'endroits pour me réfugier,
Je ne sais plus où aller,

Où me placer.
Je donne tout,
Et aucun remerciement.
Je suis le punching-ball.
J'ai les épaules larges,
Je dois tout faire à la maison,
Ménage, lavage, repassage, cuisine, papiers, démarches.
Pendant ce temps,
Je suis entourée de personnes,
Dont certaines passent leur temps,
Enfermées toute la journée,
Dans la chambre à ne rien faire,
Dorment sur leur laurier,
Passent du bon temps,
Ne sont pas fatiguées de leur journée,
Pendant que moi,
Je trime chaque jour,
Malade ou non,
Je dois assumer tout toute seule.
Le monde est cruel,
Qu'ai-je fait, pour mériter tout ce mal de la part des autres ?
Pourquoi ?
Que de questions sans réponse ?
Ai-je le droit de vivre ?
Ai-je le droit à la parole ?
Ai-je le droit d'être aimée ?
Ai-je le droit de me reposer ?
Ai-je le droit d'être un être humain ?
Je ne suis que le punching-ball.
Tous les autres sont parfaits, sauf moi.
Je ne suis qu'un déchet pour eux.
Le reproche est mon quotidien,

Je ne dois surtout pas montrer,
Que j'aie le droit d'être fatiguée,
Que j'aie le droit d'être malade,
Que j'aie le droit moi aussi de vivre,
Que j'aie le droit d'être heureuse,
Que j'aie le droit d'aspirer à la paix.
De vivre,
Et de ne pas être,
Le punching-ball des autres.

Je t'aime à l'infini...

Moi, je n'étais rien,
Et voilà, tu es apparu,
Je suis en transe,
Tu es mon rayon de soleil,
Je t'aime à l'infini.

Le monde peut s'écrouler,
Tout n'a plus d'importance,
Tu es là,
Je peux maintenant,
M'enlacer dans tes bras,
Pour me reconstruire,
Pour revivre,
Je t'aime à l'infini.

Tu as fait disparaître,
Mes peurs, mes désarrois,
Tu as fait de mon existence
Des sourires illuminés,
Des éclats de joie.
Tu as transformé ma vie
Entre toi et le soleil,
Nous nous réveillons
À chaque fois qu'il apparaît,
Au firmament,
À l'horizon,
Je t'aime à l'infini.

J'ai dû me battre,
Pour être pour toi plus forte,
Pour être entière à mon amour,
De mes angoisses
Et l'amour est là
Je t'aime à l'infini.

Je revis auprès de toi,
Mon rêve devient réalité,
Je cours vers mon destin,
Une route au milieu se dessine,
Je t'aime à l'infini.

Pardonner pour me libérer...

Pourquoi le pardon ?
Je veux pardonner pour me libérer,
Des violences, de l'humiliation...

Je veux pardonner pour me libérer,
Des trahisons, de la haine...

Je veux pardonner pour me sentir vivante,
Et vivre....
Je veux pardonner pour retrouver la paix en moi,
Le repos...

Longtemps, j'ai eu l'impression d'aller bien,
Je blâmais tout le monde.
J'ai enfoui pour survivre dans ce monde.
Je n'étais pas consciente de cette douleur si vive.
Pour éviter les regards, les questions,
J'ai développé mille stratagèmes :
J'ai oublié,
J'ai rationalisé,
J'ai normalisé,
J'ai verrouillé mes blessures.

Oublier a été une façon de survie.
Mais les douleurs continuent à me détruire de l'intérieur.
Impossible de gérer.
Je me sentais responsable de ma vie,
De mes malheurs, de mes souffrances.
Je me détruisais peu à peu.
J'étais mon autodestructeur.
J'en ai voulu à la terre entière.
Je m'imaginais être une justicière.
Je pouvais ainsi exprimer ma colère.
Mes colères me mettaient à chaque instant,
Au contact avec ma souffrance, ma douleur.
J'aimerais pardonner.
Difficile de trouver les mots justes.
Pour moi, pardonner est un moment crucial.
Pardonner pour retrouver un amour inconditionnel et intact.
Pourquoi pardonner ?
Pardonner est-il si difficile ?
Comment demander pardon ?
Où trouver les mots simples ?
Pour répondre à cette question,
Pourquoi le pardon ?
Pardonner pour se libérer...

Je n'arrivais pas à extérioriser ma douleur,
J'ai commencé à écrire des mots sur mes cahiers d'écolier,
Cela m'a permis d'extérioriser ma violence de mes blessures.
Je me suis lancé à fond dans la danse le sport jusqu'à épuisement,
Pour me défouler et évacuer le trop-plein de mes émotions.
Quand la vie chasse tous vos rêves,
Rien n'est plus doux que la musique des maux en vers.
Qui osera me dire qu'il ne croit pas à ces émois ?

UNE LARME D'AMOUR

Une larme d'Amour,
Sur un pétale de rose,
À l'aube du désir,
Fait frémir ton cœur,
D'un désir intense
De toutes les émotions,
Que ton corps réclame.

Une larme d'Amour,
Sur une fine feuille d'arbre,
Au détour d'un chemin,
Au réveil de tes sens,
Parcourant le long du visage,
Le chemin du bonheur,
Que ton âme recherche.

Une larme d'Amour,
Sur un visage enfantin,
Au détour d'un chagrin,
Cheminant au fil du temps,
Submergeant ton âme,
De cruelles douleurs,
Que ton corps ressent.

Une larme d'Amour,
Sur la vie courante,
Au détour d'une aventure,
Apportant un désir intense,
De délicieuses émotions,

Que ton cœur a conscience.

Une larme d'Amour,
À chaque instant de notre existence,
Une larme d'Amour,
À nos côtés à chaque pas,
Une larme d'Amour,
Pour chacun,
Une larme d'Amour est les mots du cœur
Que nous sommes incapables de dire.

Pourquoi ?

Pourquoi, tu ne me vois plus ?
Pourquoi, tes yeux sont fuyants ?
Pourquoi, ton regard est lointain ?
Pourquoi, cette indifférence ?

Pourtant, je suis là, à chaque instant,
Pourtant, je pense à toi à tout moment,
Pourtant, moi, je te vois,
Pourtant, mon cœur bat à chamade.

Qu'ai-je fait ?
Que t'arrive-t-il ?
Que de questions au fond de moi !
Que d'angoisses au quotidien !

Pourquoi, tu ne me vois plus ?
Pourquoi, tes yeux sont fuyants ?
Pourquoi, ton regard est lointain ?
Pourquoi, cette indifférence ?

Tu es ma vie,
Tu es mon existence,
Tu es l'homme de ma vie,
Tu es tout pour moi.
Je te sens t'éloigner,
Je te sens différent,
Je te sens disparaître,
Je te sens fuir.

Pourquoi, tu ne me vois plus ?
Pourquoi, tes yeux sont fuyants ?
Pourquoi, ton regard est lointain ?
Pourquoi, cette indifférence ?

J'ai l'impression de ne plus te plaire,
J'ai l'impression de ne plus être aimée,
J'ai l'impression de ne plus exister,
J'ai l'impression de ne plus être ta moitié.

Plus de mots doux,
Plus de câlins,
Plus de tendresse,
Plus de caresses.

Tu t'éloignes chaque jour,
Tu ne me parles plus,
Tu ne me rejoins plus,
Tu restes seul, loin de moi.

Pourquoi, tu ne me vois plus ?
Pourquoi, tes yeux sont fuyants ?
Pourquoi, ton regard est lointain ?
Pourquoi, cette indifférence ?

Que se passe-t-il ?
Que t'arrive-t-il ?
Que suis-je pour toi ?
Que de questions sans réponse !

Je ne comprends pas,
Je perds pied,
Je t'aime pourtant,
Je suis bien vivante.

QUI SUIS-JE ? OÙ SUIS-JE ?

Qui suis-je ?
Où suis-je ?
Je ne trouve plus ma place.
Je ne suis plus une femme,
Je ne suis plus une mère.

Mon chemin, où est-il ?
Je ne sais plus.
J'ai l'impression de ne plus exister,
J'ai l'impression de disparaître.

Je suis transparente,
Je suis rejetée.
Plus de vie normale,
La bonniche de chacun
L'indésirable de tous.

Tiraillée de toute part,
Plus un mot,
Plus un regard,
Plus un geste,
Que des mots fuyants,
Que des reproches,
Plus de caresses,
Plus d'affection.
Qui suis-je ?
Où suis-je ?
Je ne trouve plus ma place.

Seule, je me bats,
Seule, j'avance dans les ténèbres,
Seule, à tout moment.

Personne ne s'intéresse à moi,
Sauf pour les papiers,
Sauf pour le ménage,
Sauf pour les repas,
Sauf pour les démarches,
Tout repose sur ma tête.

Mais à leurs yeux,
Qui suis-je ?
Où suis-je ?
Je ne trouve plus ma place.

Eux vivent,
Rient,
S'amusent entre eux,
Plus de place pour moi.

Et moi, pourtant, je suis là,
Dans mon coin, toute seule,
Sans un regard,
Ni un mot doux,
Ni une tendresse,
Ni un geste ;

Qui suis-je ?
Où suis-je ?
Je ne trouve plus ma place.

Si je parle, je parle trop,
Je dois me taire.
Si je suis silencieuse, je fais la tête.
Je n'ose plus ouvrir la bouche,
Dire mes ressentis,
De montrer mes désaccords,
Faire comprendre que j'existe aussi,
Et non pas là, transparente,
Pour tout faire aux autres.

J'ai envie de vivre,
D'aimer,
D'être aimée,
D'exister en tant que femme,
D'exister en tant qu'être humain,
D'exister en tant que mère.
Je n'ai plus aucun lien,
Rien ne me retient à ce jour,
Dans ce monde inhumain.

Qui suis-je ?
Où suis-je ?
Je ne trouve plus ma place.

Qui suis-je ?

Depuis longtemps je me cherche,
Je n'arrive pas à connaître ma place.
Une place m'apportant joie et bonheur,
Mon passé est une douleur de tous les moments.
Mon avenir, je ne le vois pas.
J'ai l'impression de rester sur place,
De ne pas avancer.
J'essaye de vivre,
Mais personne n'est là,
Présent, près de moi.
Aucune main n'est tendue pour dépasser cette ligne.
J'ai l'impression d'avancer à reculons.
Je ne sers que pour les papiers, les conflits,
Le ménage, les colères des uns et des autres,
Reproches de toute part.
Et moi, au milieu de ces flots, je tourne et tourne en rond.
Suis-je une mère,
Suis-je une femme.
Je me le demande à tout instant.
Chacun vit, chacun pense à lui,
Moi, je règle les problèmes du quotidien.
J'ai l'impression d'être une chose parmi tant d'autres,
Un être sans miroir,
Une personne sans avenir,
Un humain sans amour,
Un individu sans lendemain.
Que me reste-t-il sur cette terre ?
Je me pose la question.
Qu'ai-je fait pour que personne ne me voie ?
Je m'occupe de tout,

Mais personne n'a l'air de le remarquer,
Ni apprécier mon travail au quotidien,
Ni mon mal d'être,
Ni ma fatigue, ma dépression, ma détresse, mes tourments.
Je voudrais être une femme à part entière,
Une mère qui existe, et non qu'on fuie,
Je n'attends pas grand-chose,
Simplement d'être appréciée à ma juste valeur,
Que je devienne réelle aux yeux des êtres qui m'entourent,
Juste un petit geste d'amour, d'affection, de tendresse,
Juste me dire tu existes, tu es là,
Tu n'es pas un objet, mais un être vivant,
Tu n'es pas transparente, mais une personne réelle,
Avec ta personnalité que nous acceptons,
Tu existes vraiment à part entière,
Nous sommes présents, près de toi,
Nous sommes là, avances vers un avenir meilleur.
Qui suis-je ?
J'attends la réponse,
Je ne vois rien à l'horizon,
Qu'un néant,
Qu'un mystère,
Qu'une chute vers le néant,
Qu'un avenir sans étoile, sans lumière,
Sans amour, sans joie, sans objectif.
Seule, je me bats,
Face à tout le monde,
Sans pouvoir exprimer mes désirs,
Mes besoins, mes peines, mes désaccords.
Je ne suis qu'un reflet pour eux,
Un reflet sans tain,
Une chose sans importance,

Que de faire ce dont ils ont besoin,
Chaque jour, pour leur tranquillité.
Mais moi aussi, j'ai besoin de vivre,
Vivre, au grand jour,
Exister,
Exprimer mes maux,
Parler du quotidien,
Apparaître à leurs yeux,
Comme une femme,
Comme une mère,
Et non pas une personne sans importance,
Une personne invisible,
Une personne sans besoin,
Une chose, un objet.
Qui suis-je ?
Que de questions, sans réponse ?
Qui peut répondre ?
Qui suis-je ?
J'attends et attends toujours,
Le chemin est long, très long,
Aurai-je enfin une réponse,
Qui suis-je ?

Quoi que je dise ? Quoi que je fasse ?

Quoi que je dise ?
Quoi que je fasse ?
Je suis incomprise.

Les mots qui sortent sont déformés,
Les aides que j'apporte ne suffisent pas,
L'amour que j'éprouve ne rassure pas,
Plus j'essaye d'apporter, plus je suis rejetée.

Quoi que je dise ?
Quoi que je fasse ?
Je suis incomprise.

Je vagabonde au milieu de nulle part,
Étrangère parmi eux,
J'essaye d'exister,
J'essaye de vivre.

Quoi que je dise ?
Quoi que je fasse ?
Je suis incomprise.

Plus j'aide, moins je suis remerciée
Plus j'avance, plus je vois ma vie comme un enfer,
Personne n'entend mes cris de douleur,
Personne ne remarque, le gouffre où je m'enfonce.

Quoi que je dise ?
Quoi que je fasse ?
Je suis incomprise.

Je suis seule, abandonnée au milieu des loups,
Pourtant, je vous aime, je donnerais ma vie,
Je voudrais votre bonheur,
J'espère votre réussite.

Quoi que je dise ?
Quoi que je fasse,
Je suis incomprise.

Dois-je partir, m'en aller,
Pour que vous soyez heureux,
Je n'ai jamais voulu vous décevoir,
Je me suis trompée sur toute la ligne.

Quoi que je dise ?
Quoi que je fasse,
Je suis incomprise.

Je suis lâche envers moi,
Je baisse les bras,
Je m'éloigne,
Ma colère est immense.

Quoi que je dise ?
Quoi que je fasse ?
Je suis incomprise.

Plus je me rapproche,
Plus vous vous éloignez,
Plus j'ai mal,
Plus je suis celle qu'il faut éviter.

Quoi que je dise ?
Quoi que je fasse ?
Je suis incomprise.

Devant mes yeux, ma vie défile.
Je n'ai plus rien,
Ni d'amour, ni de compréhension,
Que le mépris, la colère, le rejet.

Quoi que je dise ?
Quoi que je fasse ?
Je suis incomprise.

J'ai beau faire,
Quoi que je dise ?
Quoi que je fasse ?
Je suis incomprise.

TOI MA VIE

Toi ma vie,
Depuis toujours je te cherche,
Toi ma vie...

Je ne vois rien,
Que de la noirceur autour de moi,
Que des chemins tortueux,
Que de la méchanceté,
Que de la pourriture,
Ma tête cogne de maux,
Ma bouche ne peut sortir les mots.
Tout autour de moi, le néant.

Toi ma vie,
Depuis toujours je te cherche,
Toi ma vie...

Amour, bonheur, mensonge, hypocrisie,
Se mélangent à chaque instant,
Sans jamais se détacher l'un de l'autre.
Une vie sans vie,
Qui me ronge à tout moment,
Qui me détruit à petit feu,
Qui me plonge dans le désarroi,
Qui me rejette de ce monde.

Toi ma vie,
Depuis toujours je te cherche,
Toi ma vie...

J'avais tant à apporter, à donner,
Amour, complicité, affection, tendresse.
Je ne voulais rien d'autre,
Que vivre en paix,
Entour de ma famille, de mes amis,
Hélas, où sont-ils ?
Je ne les vois pas,
Ils sont si loin, si loin.

Toi ma vie,
Depuis toujours, je te cherche,
Toi ma vie...

Seule face à mon chemin,
Je stoppe, j'avance, je recule,
Sans cesse, je tombe sous ce lourd fardeau.
Je me relève, glisse un peu plus à chaque fois.
Sans jamais pouvoir avancer vers l'avant
Vers une destinée meilleure,
Sans guerre, sans atrocité, sans colère,
Sans mensonge, sans hypocrisie.

Toi ma vie,
Depuis toujours je te cherche,
Toi ma vie...

Ma vie n'est rien,
Qu'un petit grain de sable,
Peuplé de cauchemars à tout instant,
De peur, de désarroi, de crainte,
D'humiliation, de traîtrise, de mensonge,

Rien n'y fait, ni l'amour, ni l'affection
Ne font changer mon quotidien,
Personne ne voit que je souffre.

Toi ma vie,
Depuis toujours je te cherche,
Toi ma vie...

Je cherche et ne trouve pas mes pas.
Mon cœur bat comme un tambour,
Mon corps fléchit sous tant de haine,
Mes mains tremblent devant ma feuille blanche,
Les mots arrivent sans réfléchir,
Je laisse mon esprit me guider,
J'essaye encore et encore,
Vers quoi ?

Toi ma vie,
Depuis toujours je te cherche,
Toi ma vie...

Je m'avance, pas à pas,
Vers cette aventure avec espoir,
Mais au bout du chemin, je me vois,
Le reflet de moi-même, une vie sans rien,
Qu'un passage sur cette terre,
Une vérité qui me dépasse,
Où je me sens bien seule, au milieu de tous,
Un trou noir, profond sans pouvoir arrêter ma chute.

Toi ma vie,
Depuis toujours je te cherche,
Toi ma vie...

TOI, MON VALENTIN, A MOI

Ton sourire est mon rayon de soleil,
Ta tendresse est mon réconfort,
Tu es la joie de mes jours,
Une étoile qui me guide...

Près de toi, j'oublie tout,
Dans tes bras, je me sens libérer,
J'ai l'impression de revivre,
Une sensation de renaître...

Un amour qui court sur tout mon corps,
Un amour qui enflamme mon cœur,
Un amour qui réanime ma vie.

Mon cœur bat à chamade,
Tu es mon arc-en-ciel,
Tu apportes des couleurs à mon bonheur,
Ta présence me rassure...

Mes yeux brillent de maintes étincelles,
Mon regard resplendit de bonheur,
Mes lèvres tremblent,
Mon corps est un chardon ardent...

Un amour qui court sur tout mon corps,
Un amour qui enflamme mon cœur,
Un amour qui réanime ma vie.

Personne ne peut te remplacer,
Mon cœur ne bat que pour toi,
Mes pensées à chaque instant vont vers toi,
Je n'aime que toi...

J'ai besoin de toi,
Tu as su me donner,
Le plus beau des cadeaux,
L'amour avec un grand A...

Un amour qui court sur tout mon corps,
Un amour qui enflamme mon cœur,
Un amour qui réanime ma vie.

Tu es un homme qui m'accepte,
Tu me prends comme je suis,
Tu m'entoures de toute ton affection,
Tu es là, présent dans mes détresses.

Ta présence est ma source de vie,
Tes paroles m'apportent le réconfort,
Tu es le plus beau de tous les cadeaux,
Tu es ma drogue de tous les instants...

Un amour qui court sur tout mon corps,
Un amour qui enflamme mon cœur,
Un amour qui réanime ma vie.

Toi, mon Valentin à moi...

Mon espoir, mon avenir !

L'avenir est là, à portée de ma main,
Mon passé est présent, ancré en moi.
Je ne peux le rejeter, ni l'oublier.
Partout où je vais, il est là,
Comme un cauchemar sans fin,
Qui embrase ma vie nuit et jour.
Pourtant, je dois tourner la page,
Avancer doucement vers de nouveaux horizons,
Laisser derrière cette vie de désarroi,
De peur, d'humiliation, de tristesse, de trahison.
Retrouvé, un équilibre, une raison de vivre.
À chaque instant, je me bats contre ce passé.
Ce passé, qui m'use de l'intérieur,
Qui me dévore à petit feu,
Qui m'interdit d'être une femme, une mère,
Qui au fil des années creuse mon visage.
Mes yeux sont hagards, où coulent des flots de larmes.
Mes lèvres tremblent,
Et n'osent prononcer les mots pour faire comprendre mes ressentis.
Seule, je me bats dans ce monde cruel.
J'aimerais crier au monde entier,
Que je veux vivre,
Vivre une nouvelle vie,
Sans peur, sans cauchemar, sans coups,
Vivre une vie d'amour, de joie, d'espoir,
Retrouver des forces pour tout surmonter,
Prendre la route de la guérison,
Récupérer des repères,
M'épanouir auprès des autres,

Sans arrière-pensée, ni haine, ni tourment.
Respirer l'air qui m'entoure,
Ouvrir mon cœur, mon âme,
M'enfouir dans la douceur des jours heureux,
Redonner un sens à ma vie,
L'espoir du renouveau,
L'espoir de vivre mon avenir serein.

Un jour, je partirai au-delà des nuages...

Un jour, je partirai au-delà des nuages,
Pour traverser mon miroir.
J'aimerais m'endormir doucement, dans tes bras,
Qui m'ont tenue pendant toutes ses années.

Un jour, je partirai au-delà des nuages,
Ma vie aura été merveilleuse auprès de toi.
Je veux que tes yeux gardent au fond de ton cœur,
L'amour, la tendresse, la complicité de nos bons moments.

Un jour, je partirai au-delà des nuages,
Je m'endormirai doucement pour un long voyage,
Un voyage sans retour,
Mon cœur plein d'amour pour toi.

Un jour, je partirai au-delà des nuages,
Ton amour, m'aidera à quitter ce monde,
Cette prison de mille barreaux autour de moi,
Où je n'ai pas trouvé ma place auprès des autres.

Un jour, je partirai au-delà des nuages,
Sans peur, car mon cœur sait que tu m'aimes,
Avec regret, pour toute la souffrance endurée
Au milieu de personnes sans compréhension.

Un jour, je partirai au-delà des nuages,
Me laissant bercer dans tes bras,
Me murmurant des mots d'amour,

Me consolant comme tu l'as fait si souvent.

Un jour, je partirai au-delà des nuages,
Je veux que tu sois là,
Auprès de moi, pour m'accompagner,
Jusqu'au bout de mon chemin.

Un jour, je partirai au-delà des nuages,
Je fermerai les yeux, ton visage devant moi,
Pour ce long voyage sans toi,
Mourir avec ton amour.

Un jour, je partirai au-delà des nuages,
Les années nous poursuivent,
Mais notre amour restera à jamais,
Dans nos cœurs, car notre amour est puissant.

Sur mon chemin...

Sur mon chemin, je t'ai croisé,
Que d'horreurs,
Que de malheurs,
Que de tristesse,
Toutes ces années...
J'ai pleuré,
J'ai supplié,
J'ai crié,
Ma douceur n'a rien fait,
Mes cris encore moins.
Mes angoisses, mes peurs ont été mon quotidien.
J'ai maintes fois baissé les bras,
J'ai tourné le dos,
Afin de ne plus subir,
Je suis revenue,
Pardonnant les méfaits.
Pensant qu'avec le temps,
Tu aurais changé.
Mais, hélas, rien n'a évolué.
Tu as continué à détruire.
La vie pour toi n'existe pas,
Le bonheur, tu ne veux pas connaître,
Tu te détournes de l'amour des autres,
Et rien n'y fait.
Que faire devant tous ces drames,
Abandonner,
Poursuivre le chemin sans toi,
Une porte close à jamais,
Pour vivre la vie,
Loin de tous ces problèmes,

Et poursuivre mon bonheur.

Une larme dans mon cœur...

Une larme dans mon cœur...
Mon âme est meurtrie,
Mon visage est éteint,
Mes yeux sont vides,
Mon cœur est lourd.
Les heures, les jours, les semaines,
Les mois, les années,
Estompent à ma vie ton doux visage.

Une larme dans mon cœur...
Qui ne laisse aucun doute,
Jamais tu ne me pardonneras,
Jamais tu ne feras le premier pas,
Jamais tu ne reviendras.

Une larme dans mon cœur...
J'ai perdu ton amour,
J'ai perdu ta confiance,
J'ai perdu nos liens maternels,
J'ai tout perdu.

Une larme dans mon cœur...
La lumière au loin s'estompe,
L'espoir ne veut plus rien dire,
La porte de mon avenir se ferme,
Peu à peu, je tombe dans un gouffre.

Une larme dans mon cœur...
À jamais ne renaîtra,

Tu es ma chair,tu es ma vie,
Tu es mon enfant,
Mais rien n'est plus pareil,
Le cordon est coupé,
Et ne reviendra jamais.

Une larme dans mon cœur...
Trahie, sans retour,
Ton visage s'estompe peu à peu,
Je ne sais plus qui tu es,
Au loin, nos doux moments disparaissent,
Plus rien n'existe de ton passé, de ton présent, de ton avenir,
Je sens le vide m'entourer.

Une larme dans mon cœur...
À jamais perdu.
Mais une petite lumière,
Au loin, clignote encore,
Un léger espoir d'amour, de résurrection,
Aura-t-il un miracle,
Au bout de mon voyage ?

Ma souffrance

Bien seule face à ma souffrance,
J'erre dans ce monde cruel,
Aveugle, les yeux pleins de larmes.
Dans un silence, condamnant ma vie,
Mon âme crie au désespoir.
Tous mes souvenirs en vrac me hantent,
Une bataille sans fin que je repousse,
Une souffrance de tous les jours,
Une pénitence qui me rattrape,
Me laissant dans le néant.
Je désespère à chaque instant,
De revivre, d'être vivante.
Les moments sombres remontent à la surface,
Mon cœur bat au désarroi,
De cette tristesse qui envahit ma vie,
Je grelotte, j'ai mal, au plus profond de mon être,
Je refuse la pitié, le regard des autres.
Mon histoire est l'âme de mon grand tourment.
J'aspire que le vent balaye, l'oubli.
Qui viendra me donner l'espoir,
Un espoir de liberté, d'amour, de renouveau,
Que ma souffrance sera bannie à jamais,
Que la joie de vivre sera plus forte que ma souffrance.

Mon amour pour toi, est tout ce qui me reste

Les premiers mots qui me viennent,
Je t'aime,
Je t'aime à l'infini,
Je pense à toi nuit et jour,
Mon Amour pour toi, est tout ce qui me reste.

Je me pose tant de questions,
J'ai peur,
Je suis angoissée.
Où est passé notre nid d'amours ?
Ce nid d'amours tant attendu,
Tes baisers,
Tes caresses,
Ton attention,
Ta tendresse,
Nos discussions sans fin,
Nos balades en amoureux,
Nos soirées, blottis l'un contre l'autre,
Nos enlacements.
Mes yeux cherchent des réponses au fond de toi,
Mon corps demande ton amour,
Mon visage scrute ton regard figé.
Mais rien.
Le silence...
L'éloignement...
Plus d'intimité...
Plus de caresses...
Plus de mots doux...
Plus d'attention...
Plus de compréhension...

Je suis invisible,
Un sentiment d'impuissance, face aux autres,
Qui nous entourent,
Qui s'approprient de toi,
Qui prennent ma place,
Qui mentent pour nous séparer,
Qui détruisent notre Amour des premiers jours.

Les jours passent,
Seule, je me sens, et me bats,
Je crie ma douleur,
Je pleure notre Amour,
J'angoisse que tu me quittes,
J'appelle au secours,
Mais rien.

J'erre toute seule au milieu des loups.
Je me défends seule contre vents et marées.
Je suis impuissante devant les mensonges, l'hypocrisie, la manipulation,
Que je côtoie à chaque instant ?
Où est le vrai du faux ?
Où est la vérité ?
Je cherche des réponses.
Je me demande, est-ce ma faute ?
Pourtant, je donne tout de ma personne,
J'aide,
Mais, rien.

Je suis fatiguée, lasse,
Je n'en peux plus,

J'ai besoin d'être rassurée,
J'ai besoin d'Amour,
J'ai besoin de caresses,
J'ai besoin d'affection,
J'ai besoin de tendresse,
J'ai besoin de paix,
J'ai besoin de toi, mon Amour.
Je t'aime tant.
Mon Amour est infini.
C'est un cri de douleur,
C'est un cri de désespoir,
Qui vient du plus profond de mon âme, de mon être.
Je t'aime.
Reviens comme au premier jour.
Je t'attends dans notre nid d'Amours.

OH MAMAN...

Tu m'as donné la vie,
Tu es mon rayon de soleil,
Tu es l'oiseau pétillant sur la branche,
Tu es la fleur des champs,
Tu es ma page d'écriture,
Tu es mon crayon qui me guide,
Tu es ma gomme qui efface mes larmes.
Je t'aime, maman,
Et t'aimerai toujours,
Avec un amour infini.
Tu es irremplaçable,
Tu es ma maman,
Ma maman pour la vie.

OÙ EST MA PLACE ?

Où est ma place ?
Je ne sais plus,
Plus de famille,
Plus de couple,
Plus d'amis.

Où est ma place ?
Je suis mise de côté,
Aucune vie de famille,
Aucune vie de couple.

Où est ma place ?
Personne ne me parle,
Personne ne pense à moi,
Personne ne se préoccupe de moi.

Où est ma place ?
Rejetée de tout le monde,
J'erre dans les ténèbres,
Seule, sans personne à mes côtés.

La vie n'a plus de sens,
Seule et toujours seule,
Abandonnée de tous,
Mon cœur est brisé,
Ma vie détruite.

Où est ma place ?
Plus rien ne me retient,
Plus rien pour apprécier la vie,
Plus rien pour aimer,
Plus rien !

Où est ma place ?
Je suis la mal aimée,
Je suis l'incomprise,
Je suis la pestiférée,
Je suis le démon,
Je suis celle qu'il faut mettre de côté,
Alors pourquoi continuer à vivre, sur cette terre ?
Où l'hypocrisie est au quotidien,
Où le mensonge sonne si fort,
Où la manipulation est journalière,
Où chaque jour, j'entends des reproches.

Où est ma place ?
Je donne tout sans compter,
Je donne ma vie, mon amour.
Le retour néant,
Le vide complet,
À quoi cela sert de continuer,
Je suis détruite au fond de moi.
Où est ma place ?

LARMES DE DÉSESPOIR

Je reste là figée, devant toi,
Je n'ose te dire, je t'aime.
Je ne te vois plus,
Mes yeux te cherchent.
Où es-tu mon Amour ?
Tu es ma vie, ma passion, mon existence.
Mais si loin, tu m'apparais.
Mon cœur saigne de désespoir.
J'ai peur, j'ai mal au fond de moi.
Où es-tu mon Amour ?
Les blessures que j'endure,
Tu ne les vois pas,
Je croyais en toi, en notre amour.
Je pensais avoir trouvé près de toi le bonheur,
Mais hélas, au fil des jours, tu n'es plus le même.
Je ne te reconnais plus.
Mes yeux coulent de larmes de désespoir.
Je me sens si seule près de toi, abandonnée.
Tu ne me regardes plus,
Tu restes figé, allongé sur le canapé,
Ne voyant plus rien de ma personne.
Aucun regard, aucune parole, aucune caresse.
Où es-tu mon Amour ?
Tu fuis dans ton monde.
Plus rien n'a d'importance pour toi.
Et moi, j'erre.
Essayant de montrer que j'existe.
Pourtant, mon amour pour toi, est resté intact.
Sans ton Amour, je vis un enfer.
Je voudrais retrouver l'homme que j'ai connu,

Tendre, amoureux, présent, respectueux.
Où es-tu mon Amour ?
Au-delà des nuages, je te cherche,
À l'horizon, je ne vois que des noirceurs.
Pourquoi ?
Où es-tu mon Amour ?

Mon légionnaire...

Tu m'as aimée en un instant,
Nous avons découvert l'amour foudroyant,
Plein de sentiments,
Tu étais beau dans ton uniforme,
Tu sentais bon le sable chaud,
Mon légionnaire.

Tu avais le regard intense,
La lune fut notre témoin,
De notre amour,
Je rêvais de notre destin,
De notre vie à deux,
Dans un pays merveilleux,
Plein de lumière,
Mon légionnaire.

Tu avais le front haut, l'âme fière,
Tu marchais sur le pas de tes anciens,
Plein d'honneur et fidélité,
Tu donnais ta vie à la légion,
J'étais en deuxième ligne,
Tu étais un homme brandissant ton drapeau,
Mon légionnaire.

Tu m'aimais pourtant,
La légion était ta famille,
Pour toi, c'était ta vie,
Amour du chef, obéissance,
Pourtant en tous lieux, tu pensais à moi,

Mais ton cœur bondissait pour l'uniforme,
Cravate verte, képi blanc,
Mon légionnaire.

Tu m'as dit adieu,
Un beau matin, tu es parti,
Loin de moi,
Sans crier gare,
Adieu, je ne reviendrai pas,
Je t'aime pour la vie,
Notre vie n'a plus de sens,
Je pars, loin, très loin,
Mon amour dans mon cœur,
Mon légionnaire.

Bonheur disparu, bonheur enfoui,
Toujours et toujours, tu es en moi,
Parfois, je pleure,
Songe à toi,
À notre amour, si loin,
J'aurai dû te retenir,
Mais je n'ai rien fait,
J'avais peur de notre avenir,
De nos débours, de notre existence,
Impuissante devant la tragédie,
Jamais, je ne t'oublierai,
Je te porte dans mon cœur pour la vie,
Sans jamais le montrer au monde,
Mon légionnaire.

Mon Bien Aimé

Mon Bien Aimé, tu es entré dans ma vie,
Au moment où seule je me battais,
Contre les fantômes de mon passé,
Je ne voyais aucun horizon se pointer,
Tu es arrivé sans crier gare,
Ma vie est devenue un défi,
Faite de pluie, de beaux temps,
Pourtant j'avais depuis longtemps baissé les bras,
Marre de ce combat perpétuel,
Qui faisait de mon existence,
Un cauchemar au quotidien,
Dont le chemin était long, caillouteux,
Sans but, sans rien à me rattacher.

Tu es devenu mon rayon de soleil,
Tu m'as remis sur les rails,
J'ai trouvé la paix auprès de toi,
J'ai ressenti l'envie de me battre,
L'envi de revivre,
J'ai trouvé mon Bien Aimé,
Celui qui apporte des caresses,
Un chaud au cœur,
Des sensations oubliées depuis des années,
Cachés au fond de mon cœur,
En attendant que toi,
Mon Bien Aimé, tu te montres,
Et toi, tu es arrivé,
Tu as fait basculer mon cœur.

Main dans la main, nous marchons,
Unis, nous nous soutenons,
Bravant le monde existant,
Si triste, si méchant,
Nous affrontons ensemble les obstacles,
Sans se soucier des autres,
Malgré les menaces perpétuelles sur notre tête.
Nous bravons ensemble les tempêtes,
Nous nous soutenons mutuellement,
Nous avançons doucement sur notre route.

Le temps pour nous, est notre ami,
Il n'a pas d'influence sur nos pensées,
Nous restons comme au premier jour,
Romantique, comme notre chanson,
Tu n'as pas volé mon cœur,
Je te l'ai donné,
Un cœur plein de triste, de souffrance,
Que tu as réanimé.
Je t'aime plus que tout,
Mon chemin est le tien,
Notre amour est notre refrain.

Pardonner pour me libérer

Pourquoi le pardon ?
Je veux pardonner pour me libérer,
Des violences, de l'humiliation...

Je veux pardonner pour me libérer,
Des trahisons, de la haine...

Je veux pardonner pour me sentir vivante,
Et vivre....
Je veux pardonner pour retrouver la paix en moi,
Le repos...

Longtemps, j'ai eu l'impression d'aller bien,
Je blâmais tout le monde.
J'ai enfoui pour survivre dans ce monde.
Je n'étais pas consciente de cette douleur si vive.
Pour éviter les regards, les questions,
J'ai développé mille stratagèmes :
J'ai oublié,
J'ai rationalisé,
J'ai normalisé,
J'ai verrouillé mes blessures.
Oublier a été une façon de survie.
Mais les douleurs continuent à me détruire de l'intérieur.
Impossible de gérer.
Je me sentais responsable de ma vie,
De mes malheurs, de mes souffrances.
Je me détruisais peu à peu.
J'étais mon autodestructeur.

J'en ai voulu à la terre entière.
Je m'imaginais être une justicière.
Je pouvais ainsi exprimer ma colère.
Mes colères me mettaient à chaque instant,
Au contact avec ma souffrance, ma douleur.
J'aimerais pardonner.
Difficile de trouver les mots justes.
Pour moi, pardonner est un moment crucial.
Pardonner pour retrouver un amour inconditionnel et intact.
Pourquoi pardonner ?
Pardonner est-il si difficile ?
Comment demander pardon ?
Où trouver les mots simples ?
Pour répondre à cette question,
Pourquoi le pardon ?
Pardonner pour se libérer....
Je n'arrivais pas à extérioriser ma douleur,
J'ai commencé à écrire des mots sur mes cahiers d'écolier,
Cela m'a permis d'extérioriser ma violence de mes blessures.
Je me suis lancé à fond dans la danse le sport jusqu'à épuisement,
Pour me défouler et évacuer le trop-plein de mes émotions.
Quand la vie chasse tous vos rêves,
Rien n'est plus doux que la musique des maux en vers.
Qui osera me dire qu'il ne croit pas à ces émois ?

Pour toi, ma petite Alicia

Tu avais un cœur généreux
Une main tendue vers les autres,
Des yeux rieurs,
Un sourire merveilleux,
Un visage d'ange,
Une vie devant toi,
Une vie à partager.
Tu es partie,
Non, tu es simplement passée dans un autre univers.
Tu seras toujours toi, près de nous,
Et nous serons toujours nous.
Ce que tu étais pour nous,
Tu le seras toujours dans nos cœurs.
Nous prierons, sourirons, penserons à toi.
Nous n'oublierons jamais ton nom.
Tu seras toujours à jamais dans nos pensées, dans notre cœur.
Tu nous as donné tant d'amour,
Même pendant ton absence, tu seras toujours là, à nos côtés.
Tu dors tout simplement.
Bonne nuit,
Nos cœurs, notre amour, nos pensées t'accompagnent.
Nous ne te disons pas adieu, mais à bientôt.

Ma petite Alicia

Ma petite Alicia, je refuse
De te dire au revoir à jamais.
La mort est un adieu.
L'espérance est de te revoir au paradis.
Mon message est écrit avec l'encre de mes larmes,
Et un vent frais, me murmure à l'oreille, je suis toujours là, près de vous,
Je ne te dis pas adieu, mais à bientôt

Conclusion

Écrire est important, puisque l'expression apporte un mieux-être. Peut-être même que le fait d'écriture magnifie l'existence procurant un autre éclairage aux événements vécus, à nos souvenirs. Peut-être aussi que l'écriture nous aide à prendre du recul et donne un sentiment de détente lorsque nous parvenons à exprimer les émotions qui nous animent.

Écrire, c'est défendre la solitude dans laquelle nous nous trouvons.

Pourtant, la parole existe, nous pourrions nous exprimer avec le langage, mais l'écrit est le moyen de faire passer une émotion, un sentiment, de toucher les lecteurs, de provoquer des réactions.

Car on dit souvent :

"Les paroles s'envolent... et les écrits restent..."

Au départ, gardés ces textes pour moi, représentaient mon jardin secret :

Remplissant des pages et des pages depuis l'âge de 10 ans,

Gribouillant suivant des besoins, selon les années et les personnes qui m'entouraient,

Rédigeant pour donner un sens à la vie, exorciser ce passé, et comprendre le monde qui m'entoure.

Écrire est un besoin de se soulager, se confesser,

Écrire pour essayer de croire en soi,

Écrire pour évacuer sa peur,

Écrire pour sortir de sa bulle

Écrire pour démolir le mur où nous nous sommes enfermés.

Écrire pour communiquer avec l'extérieur, prisonnière de son passé,

Écrire pour comprendre le monde,

Écrire pour voyager,

Écrire pour oublier la vie, la réalité de son existence,

Écrire pour transmettre des connaissances

Écrire pour faire passer des sentiments, des émotions,

Écrire pour apporter de l'amour,

Écrire pour raconter son destin,

Mais aussi pour le plaisir,

Mais aussi pour se rebeller, se révolter,

Mais aussi pour dénoncer, protéger.

Écrire est le propre de l'homme, nous avons tous, une raison qui nous pousse à consigner des notes bien à nous, au fond de nos entrailles.

Notre monde est barbare, les hommes détruisent.

La nature de l'homme est violente, bestiale, mais l'amour est là, au fond de chacun pour se battre avec humanité contre les forces du mal.

Écrire, c'est dessiner des images que nous ressentons et les mots ont un pouvoir d'apaiser nos colères, et nous apprendre à ne pas parfaire les mêmes erreurs, pour nous rappeler nos échecs.

Écrire pour trouver la clé qui nous libère de nos entraves,

Écrire pour laisser une part de soi,

Écrire pour ne pas oublier,

Écrire, c'est tenir dans sa main la liberté de vivre,

Personne ne peut nous la prendre,

Car écrire, c'est être libre, être sur un pied d'égalité et surtout pour changer, pour apporter la sagesse aux autres, de faire comprendre la souffrance, la douleur afin de s'unir tous pour dire nous vivons tous égaux, et nous voulons être libres de vivre tous en paix

Le désir d'écrire se nourrit de toutes les larmes interrompues, de toutes les émotions contenues, de toutes les convictions les plus secrètes.

Écrire pour témoigner, pour crier.

Écrire pour soi, pour les autres, pour jeter pêle-mêle sur le papier toutes les phrases qui se bousculent, se disputent depuis si longtemps.

Écrire des cris parce qu'il n'est pas possible d'écrire des silences qui seraient si forts qu'ils briseraient les silences.

Mais il n'est pas possible de remplacer l'impuissance des mots par la puissance du silence. Alors, il faut écrire, témoigner, crier. Entre l'actualité qui brûle et l'éternel qui apaise, seule l'écriture peut mêler le cri et le murmure, la colère et le soupir.

Table des matières

Remerciements..3
Préface..5
Introduction..7
Poésie..9
    Illustration Florent Lucéa...9
    I love Poésie !..*9*
    À quoi sert la Poésie ?..15
    La poésie..16
    Ma page, mon crayon...19
    La Page !..21
    Mes récits..22
    Sur ma feuille..23
    Toi, poésie...25
Interrogation...27
    Illustration Florent Lucéa...27
    Je m'interroge et je déroge !..................................*27*
    A vous les femmes...33
    Appel à notre humanité..36
    C'est la danse des routiers..38
    Espoir es-tu là ?..40
    La France pleure...44
    La peur..47
    La terre raconte..49

Noël, Noël..51
Notre humanité..54
Nouvel An, Nouvel An..57
Oh ! douce nuit, merveilleuse nuit.................................59
Où es-tu ma patrie, ma France ?...................................61
Vous les hommes...63
Plus jamais..66
Vendredi 13...67
Amitié..68
Automne..69
Arnaque...70
Si je pouvais changer le monde...................................71
Toi, qui es-tu ?...74
Ouvrir son cœur, pourquoi ?..76
Nous ne voulons plus être otage..................................78
Liberté de toujours...81
Qu'ils sont beaux nos deux bateaux.............................85
Si la justice existait ?...87
Toi mon amitié...88
Tout le monde a le droit de rêver.................................90
Ma Colombe, ma blanche Colombe.............................92

Regard 95
   Illustration Florent Lucéa..95
   Je m'interroge et je déroge !..95
   Indifférence, Pourquoi ? 101

Je suis la mal comprise, la mal aimée..................103
Je suis le punching-ball..................105
Je t'aime à l'infini..................108
Pardonner pour me libérer..................110
Une larme d'amour..................113
Pourquoi ?..................115
Qui suis-je ? Où suis-je ?..................118
Qui suis-je ?..................121
Quoi que je dise ? Quoi que je fasse ?..................124
Toi ma vie..................127
Toi, mon valentin, a moi..................131
Mon espoir, mon avenir !..................133
Un jour, je partirai au-delà des nuages..................135
Sur mon chemin..................137
Une larme dans mon cœur..................139
Ma souffrance..................141
Mon amour pour toi, est tout ce qui me reste..................142
Oh Maman..................145
Ou est ma place ?..................146
Larmes de désespoir..................148
Mon légionnaire..................150
Mon Bien Aimé..................152
Pardonner pour me libérer..................154
Pour toi, ma petite Alicia..................156
Ma petite Alicia..................157

Conclusion..159

© 2020 Modvareil
Éditeur : BoD-Books on Demand
12-14 rond-point des Champs-Élysées, 75008 Paris
Impression : Books on Demand, Norderstedt, Allemagne

Illustration : Florent Lucéa

ISBN : 978-2-322-22150-9
Dépôt légal : Mai 2020